パスタ

PASTA or PIZZA

ピザ

あなたはどっち派?
地元で人気のパスタとピザ。

イタリア料理の中でも、
私たち日本人に最も身近で大人気の「パスタ」と「ピザ」。
ここ浜松をはじめ、その周辺地域にも、
魅力的なパスタとピザを味わえるお店がたくさんあります。
気軽なパスタ専門店からおしゃれなカフェ、高級イタリアンまで、
タイプはさまざまだけど、一度足を運べば、
たちまちとりこになってしまう、そんなお店の大特集です!

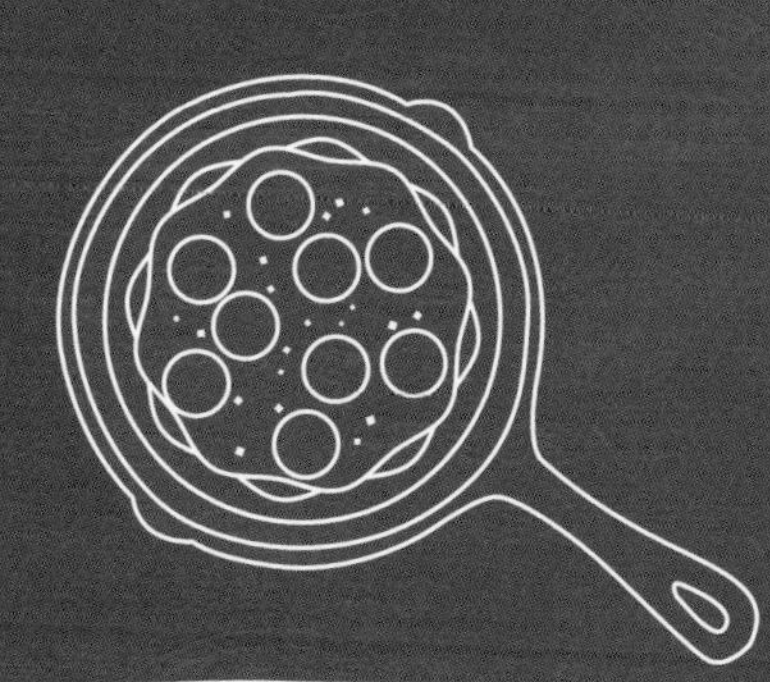

パスタとピザ

【アイコンの表示】

 Wi-Fiあり

 クレジットカード利用可

- ●本誌掲載記事は2021年4月1日現在のものです。営業日・時間・価格・料理など、内容に変更があった場合はご了承ください。
- ●記載されている定休日に年末年始や夏期休業は含まれていません。
- ●消費税込の価格表示です。

CONTENTS

Guru Guru Map
Special Talk Session

BUONO!!

Pasta or Pizza
パスタ　ピザ

シェフ対談

パスタとピザの魅力と
アレンジの可能性を楽しく語る。

IZACAFE coo-kai?
涌坪シェフ

名古屋、東京、横浜のレストランでホールサービスの仕事に従事。地元・袋井に戻り、現在の店で店長として店内を取り仕切る傍ら、本格ナポリの石窯を操るピザ職人として活躍。お客様目線を大切にしたピザ作りにセンスが光る。

創作ダイニング
DAIDOCORO
野々尻シェフ

居酒屋を中心に、イタリアンなどで腕を磨き、アレンジ自在なパスタの魅力に開眼。独立してパスタ・ピザを主力とする創作ダイニングをオープン。旬の地元食材を活かしたオリジナリティあふれる料理の味わいが評判を呼んでいる。

見た目、味、香り――。私たちはどうしてこんなにも「パスタ」と「ピザ」に魅了されるのでしょう。そこで、パスタ&ピザを提供するお店で腕を振るうお二人に、パスタとピザの人気の理由から、それぞれの魅力、おすすめの食べ方などについて、大いに語り合っていただきました。

日本人の口に合う 食べやすさが人気

——パスタもピザもよく食べられるし、みんな好きですよね。いつ頃からどんな感じで人気が出てきたのでしょうか。

野々尻　確かにパスタもピザも、カレーやラーメンに近い感覚で皆さんよく食べますよね。昔はまだ〝パスタ〟という言葉は使われず、喫茶店の定番メニューとしてスパゲッティのミートソースやナポリタンがあったと思うんです。それがどんどん発展して、今では本当にたくさんのパスタメニューがありますよね。ピザも宅配ピザが誕生、さらにイタリアンの本格ピザを提供する店も出てきて、日本ではさまざまなピザが気軽に楽しめるようになってきました。

涌坪　パスタもピザも、実際、食べ

SOBAパスタシリーズのひとつ
「竜神豚のNIKUSOBA」
1540円

一度食べればクセになる、
あっさり系のSOBAパスタ。
温玉やわさびなどの
追加トッピングも用意しています
店主・野々尻さん

創作ダイニング
DAIDOCORO
ダイドコロ

蕎麦×パスタの「SOBAパスタ」シリーズ

住宅街の一角に突如現れる真っ赤な建物が目印。生産者の顔がわかる地元の旬食材を駆使しながら、食の安全と手作りにこだわり、イタリアンベースの創作メニューを仕上げていく。写真右上：信州産のそば粉を練り込んだパスタ「SOBAパスタ」シリーズ。そばの風味と独特の弾力ある麺に、地海苔やネギなどの具材とバターしょうゆソースを絡める和テイスト。サラダ、スープ、デザート、ドリンク付きのセットがおすすめだ。

老若男女が訪れやすい、
洋風居酒屋を思わせるアットホームな雰囲気

浜松市東区　map:P72 E-3

tel.053-443-7247
浜松市東区半田山1-9-5
営 11:00〜14:30(13:45LO)／18:00〜22:00(21:00LO)
テーブル18席、カウンター6席
休 火曜　※不定休あり
P 18台

食事からちょい呑みまで、
日常に溶け込む"家庭の台所"が
コンセプト

やすいというか、日本人の口に合うような感じがしますね。

野々尻　料理を作るときも、いろいろな食材が合わせやすいというところがありますし。

涌坪　地のものとか、和のテイストにも合うし、その辺のアレンジのしやすさが人気の理由なのかもしれないですね。

野々尻　そうですね。地元にある食材でアレンジできるから、食べるほうも受け入れやすいんじゃないでしょうか。うちの店ではおじいちゃんおばあちゃん世代が来られることも多いので、できるだけ年配の方が食べてもおいしいと感じるようなまとめ方、仕上げ方をしているんです。

涌坪　うちの店も同じですね。小さなお子さんから、おじいちゃんおばあちゃんまで来られるので、幅広い層が食べやすいものを取り入れるようにしています。

何人かでシェアして食べるのがおすすめ

——ピザやパスタはお子さんにもお年寄りにも人気があると。

パスタはアレンジののびしろが大きいですね

ピザはみんな大好きです。だから、謙虚に果敢に追求したいです

野々尻　人気ですねぇ。うちの店では意外にしょうゆベースの和風パスタがお子さんに好評。渋いでしょ（笑）。ピザだとシンプルにマルゲリータですね。

涌坪　うちの子どもの一番好きな食べものがパスタなんです。ピザも僕が焼いたピザが好きなので、他店のピザを食べたいと言わないんですよ（笑）。

野々尻　それはすばらしい！お年寄りも皆さんも、結構な品数を食べていかれますよ。パスタもピザも驚くぐらいペロッと。

涌坪　そうなんです。今日も70代～80代ぐらいのご夫婦が、それぞれパスタを１人前ずつ召し上がって、さらにピザを１枚頼んでシェアされていました。そんなふう

混ぜて食べるボリューミーな創作料理「竜神豚のポルコライス」1430円

にシェアして食べられるのも、ピザやパスタの魅力ですね。当店でも2〜3人で来られてシェアしながら、というスタイルが半数以上です。お客さん側もいろいろ食べたいでしょうし、もちろん店側としてもいろいろ食べていただきたい。「シェアする文化を広めたい」というのが理想でもあるんです。

野々尻　当店もパスタやピザをシェアする方は多いですね。ですから、バリエーションをかなり充実させています。僕は若い頃からメニューを考えることに抵抗がなくて、同じことばかりやっていると、自分が飽きちゃうんです。何か変わったことをしたい、面白いことをやりたいというタイプなので、アレンジや工夫はむしろ好きですね。

パスタとピザ。それぞれの魅力

――微妙なアレンジの違いで変化が出るんでしょうか。

野々尻　出ますね。ソースや具材の組み合わせによって、いくらでも表情が変わるし、ちょっとニンニクの量を変えるだけで、また表情が変わってくる。たとえ同じ料理を作ったとしても、全く同じにはならないです。今日は昨日より少しでもおいしくしたいという思いがあるから、そこの数ミリ単位の作業がすごく面白いし、楽しいですね。

涌坪　僕はもともと料理人でもピザの職人でもなかったんです。ただ、負けず嫌いなので、決まりがあるナポリピザの生地の配合にはしっかりこだわりますが、目線はあくまでもサービスなんです。お客さんが何を望むか、どんなものを好むかです。ソースや具材に関しても厳密にいうと決まりがありますが、そこにこだわらず、かといってくずし過ぎない程度に、新しいものを提供していけたらと思っています。

野々尻　石窯で焼く良さというのもありますよね。

涌坪　ありますね。まず香りが違います。薪を使って高温で一気に焼き上げる香ばしい香り。その温度に耐えられる生地作りが難しいのですが、焼き色も食感も香りも、断然違ってきます。石窯の力は大きいですね。パスタにも、それ自体の魅力がいろいろありそうですが。

野々尻　そうですね。当店に限って言えば、時々ですが、ほぼ卵黄のみを使って作る手打ちパスタを提供しています。最近では、信州産のそば粉が入った乾麺のパスタを長野から取り寄せて、和風ソースで出しているんですけど、これが意外に好評なんです。せっかくなら、当店にしかない味にしたいという思いで、今、この麺を使ったメニュー作りに力を入れています。

地元の食材にこだわって

――最後に、両店に共通するのは地元や地域を意識しているところにあると思いますが、そこについてお聞かせください。

クウカイの目標は「遠州イタリアン」。同時に、もっと地域と繋がりたいですね

地域の特産品を使って、ダイドコロにしかない味を作りたい

地元遠州の新鮮食材を使った前菜も好評

竜神豚と白ネギのバターしょうゆ

遠州地域の野菜や食材をふんだんに使用した「前菜盛り合わせ」1100円

涌坪　当店は「遠州イタリアン」をテーマに、スタイルこそイタリアンですが、食材はできるだけ地元袋井を中心とした遠州産のものと、イタリア産のものを組み合わせてやっています。袋井から始めて、ゆくゆくは県内全域の活性化に繋がればいいなという気持ちを持って、日々取り組んでいます。

野々尻　自分で店を始めてから、地元浜松の農家さんや卵屋さんなど、生産者の皆さんと知り合って、今ではそうした生産者さんがいるからこそ、自分の店が成り立っている感じです。それをお客さんにも伝えていきたいと思います。浜松の食材の豊富さに改めて気づかされて、浜松っていいところだなぁ(笑)と、今さらですが再認識していますね。

袋井野菜のサラダと選べるピッツァの「ピッツァランチ」1000円～が人気

最高においしいナポリピッツァになるよう、気温や湿度によって、生地の配合や焼き上げ時間を調整しています
店長・湧坪さん

IZACAFE coo-kai?
イザカフェクウカイ

ナポリ直輸入の石窯で焼き上げる本格派

袋井をはじめとする地元産食材とイタリアンを融合させた"遠州イタリアン"がコンセプト。
写真左上：名物のひとつは、薪焼きの本格ナポリピッツァだ。イタリア・ナポリから直輸入した石窯で、専門スタッフが一枚一枚焼き上げる。焼き上げ時間は約90秒。縁がぷっくり膨らんだ香ばしい生地とシンプルな具材で、ナポリピッツァ本来の美味を堪能して。初めてなら王道の「マルゲリータ」がおすすめだ。ハーフ&ハーフやテイクアウトにも対応。

アンティーク家具を配したカフェスタイルの空間。屋根裏ロフト席も

袋井市　map:P77 A-3

tel.0538-44-0770
袋井市川井868-4
営 11:30～15:00(13:30LO)／17:00～21:00(20:00LO)
※土日11:30～15:00(14:00LO)／17:00～22:00(21:00LO)
テーブル45席、カウンター10席、ソファ15席
休 月曜休　P 20台

CARD

IZACAFE coo-kai?

袋井の食文化を牽引する人気店。70名収容で各種宴会やパーティに最適!

ぐるぐる豆知識

知っておきたい! パスタの種類

さまざまな種類があるパスタですが、皆さんはいくつ知っていますか?

パスタは一般的に「ロングパスタ」と「ショートパスタ」の大きく2種類に分類されています。

ここでは、それぞれの代表的なパスタをご紹介します。

どのパスタがどんな形状で、どんな特徴を持っているかを知っておくと、
パスタ選びやパスタ料理を作るときの参考になって便利です!!

ロングパスタ

ロングパスタは25cm前後の長さにカットされたパスタです。太さや断面の形状によって名称が区別される場合が多く、食感やソースの絡み具合に違いがあります。

❶ スパゲッティ

「ひも」を意味する「spago(スパゴ)」が語源の棒状パスタ。断面は直径2mm前後の円形で、パスタの中で最もポピュラーとされています。どんなソースにもよく合う万能ぶりが特徴です。

❷ リングイネ

「小さな舌」の意味を持つ「lingua(リンガ)」が語源。断面が短径1mm、長径3mmの楕円形をしていて、やや幅広のためソースと絡みやすく、クリーム系など濃厚なソースと相性抜群です。

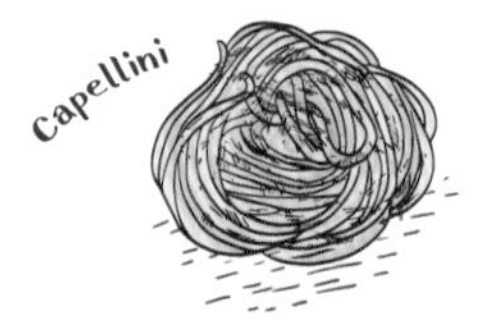

❸ カッペリーニ

「髪の毛」を意味する「capelli(カペッリ)」が語源。断面が円形で、直径1.3mm以下の髪の毛のように細いパスタ。極細のため濃厚ソースに合わず、冷製パスタやスープパスタによく使われます。

❹ フェットチーネ

「薄切り」「薄片」の意味を持つ「fetta(フェッタ)」が語源とされる、平打ちパスタの代表格。幅5mm〜7mm前後でクリーミーなソースと相性がよく、もっちりとした食感が楽しめます。

❺ パッパルデッレ

「豪快に食べる」「食いしん坊」を意味する「pappare(パッパーレ)」が語源。幅20mm〜30mm前後ある食べ応え十分な平打ちパスタ。濃厚なラグソースやクリームソースによく合います。

ショートパスタ

ショートパスタは短く成形されたパスタです。形状によってさまざまな種類があり、かわいらしい形のものも多く、味や食感だけでなく、見た目も楽しめます。

❶ ペンネ

「ペン」「羽根」の意味を持つ「penna(ペンナ)」が語源。ペン先のような形をした筒状のパスタ。両端が斜めにカットされているため、ソースが筒の中に入りやすく、味がよく染み込みます。

❷ ファルファッレ

「蝶」を意味する「farfalla(ファルファッラ)」が語源。蝶のような形状をしているので、蝶のパスタ、または蝶ネクタイのパスタと呼ばれます。見た目がかわいらしく、華やかに仕上がります。

❸ フジッリ

ライフルに使われるらせん状の銃砲身に似ていることから、「ライフル」を意味する「fusile(フージレ)」が語源とされています。らせんの形がソースに絡みやすく、さまざまな料理によく合います。

❹ オレキエッテ

「耳」を意味する「orecchio(オレッキオ)」が語源。耳たぶのような形をしていて、グラノ・デューロという硬質小麦のでんぷんと水、塩だけで作るのが一般的。ブロッコリーを使ったオイル系料理が有名。

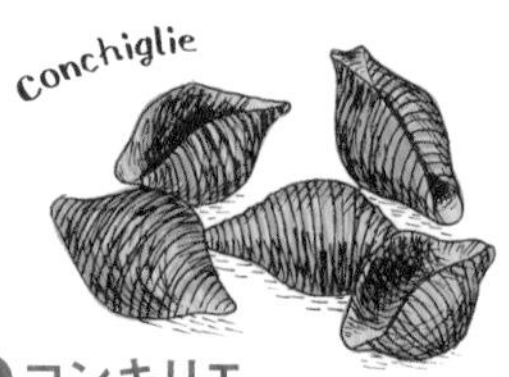

❺ コンキリエ

「貝殻」の意味を持つ「conchiglia(コンキリア)」が語源。貝殻のような形状をしたパスタ。長さは10mm〜20mmで、大きいものはコンキリオーニ、小さいものはコンキリエッテと呼ばれます。

PASTA

パスタ

口中に広がるうまさと幸せ！
今すぐ食べたくなる味が満載

「パスタ」とは小麦などを製粉して、水や卵などの水分を混ぜ、生地を作って成形した麺類のこと。おなじみの乾燥パスタはもとより、手打ちの生パスタ、さらには、スパゲッティなどのロングパスタや、ペンネ、マカロニといったショートパスタまで約700種類あるといわれています。

パスタに欠かせないソースも、ほどよい酸味と甘味を持つトマトソース、塩味をきかせたシンプルなオイルソース、まったりと濃厚なクリームソースなど実にさまざまです。

ここでは、口にした瞬間、思わずガッツポーズを決めたくなるようなパスタが味わえるお店を中心に、パスタのタイプや利用のシーンなどに合わせて選べるお店を紹介します。

思わず笑みがこぼれる店

定番のものから、つくり手の思いや想像力が発揮されたものまで、それぞれのお店ならではの自慢の味を楽しみたいときに。

トスカーナのシンプルなおいしさを受け継いで

ローズマリーなどが香る「自家製サルシッチャとアサリのペンネ」1540円

初めて訪れる人も故郷に帰ってきたような感覚でくつろげる大人のためのレストラン。料理は千賀シェフが修業したトスカーナ風がベース。実家の畑でとれた野菜や近海の魚介、高品質な肉に、イタリアらしいフェンネルやセージなどの香草を組み合わせたシンプルな料理が堪能できる。「パスタにはいろいろな長さや形があって、相性の良い具材との一体感が一番の魅力。もしメニューに知らないパスタがあったらぜひご注文を。おすすめの組み合わせでご用意しています」

生ハムとプロヴォローネチーズを挟んだ「仔牛のポルタフォーリオ」2540円

お店から一言

トスカーナでは野菜の茎すらも余すところなくパスタに使います。そんな日常になじんだ料理を私も目指しています（オーナーシェフ・千賀さん）

「色合いがトスカーナらしい」とシェフお気に入りの調度品が並ぶ店内

繁華街から少し離れた場所にあり、静かな環境で食事が楽しめる

OSTERIA DA MICHELE

オステリア ダ ミケーレ

浜松市中区　map：P74 E-4

☎053-488-8300
住 浜松市中区元城町218-4 アクセス元城1F
営 11:30～13:30LO
※土曜、祝日は12:00～
18:00～21:00LO
※日曜、祝日は20:30LO
※ディナーは第1、第3日曜は休み
席 テーブル12席
休 月曜、第3火曜
※PayPay可
※中学生以上から入店可能

笑顔を大切に、その場で仕上げる上質な料理

ローマ近郊のミシュラン星付きレストランや日本国大使館で腕を振るった経験を持つ熊谷シェフが目指すのは「お客様に喜んでいただけるレストラン」。魚介は舞阪港へ買い付けに行き、野菜は目新しいものを種から仕入れて育てている。注文に応じて野菜の葉をちぎり、肉を切るため、常にフレッシュな味わいを楽しめる。「一皿で栄養が取れることはパスタ料理の大切な要素」と考えるシェフ。ランチのパスタも選ぶ楽しさにあふれている。

お店から一言

お客様の特別な日に仕込むラヴィオリは手間に比べて食べるのは一瞬(笑)。それを家庭で作るイタリアの母親たちを尊敬します(オーナーシェフ・熊谷さん)

「熟成豚うで肉のロースト 茄子のピューレ バジリコロッソの香り」ディナーコース(4000円〜)の一部

「スルメイカと腸のリングイーネ」ランチコース(2300円〜)の一部

上質な天竜材を使った温かみのある設え。真っ白なクロスに生花が愛らしい

4月に入野へ移転オープン。イタリア菓子やチーズを販売する店も併設

Ristorante Da Kuma

リストランテ ダ クマ

浜松市西区 map:P71 B-2

☎053-555-2738
住 浜松市西区入野町1900-32
営 11:30〜13:30LO
18:00〜21:00LO
席 テーブル14席
休 火曜、月2回の月曜(不定)
P 7台
※小学生以上から入店可能

猫がモチーフの空間と軽やかな味わいに心が和む

人気はメイン（パスタ・ハンバーグ・月替わり）が選べるランチセット。パスタはクリーム系、オイル系、トマト系と多彩な6種類を用意し、季節でメニューが替わる。麺のゆで上げは、ほんの少々柔らかめ。クリームソースにこだわり、生クリームのみで仕上げることで軽やかな味を生み出す。「できる限り手をかけ、とにかく喜ばれる料理と時間を提供したい」とシェフ。店内は落ち着ける雰囲気。猫がモチーフのインテリアも心が和む。

黄金コンビでつくる薄生地ピザ「ゴルゴンゾーラとはちみつのピザ」1232円

ランチセットは1848円〜。サラダビュッフェ＆ドリンクバーも楽しめる

ホワイトストリート沿い。ディナータイムは13種類のパスタが味わえる

お店から一言
時間を気にせずゆっくり過ごせる店です。デートから女子会、ママ友ランチまでぜひご利用ください（オーナーシェフ・粕谷さん）

KURONEKO TO ITALIAN
クロネコトイタリアン

浜松市中区　map：P71 B-2

☎053-544-5427
住 浜松市中区佐鳴台3-57-17
営 ランチ11:30〜15:00（14:00LO）
ディナー18:00〜22:00（21:00LO）
席 テーブル26席
休 月曜
P 10台
※PayPay、d払い、au PAY可

ぜいたくな味わいで人気「本ズワイガニのトマトクリームパスタ」1375円

シンプルな見た目に素朴なうま味を凝縮!「ペンネ アル ポモドーロ」1000円

ファンに愛される基本に忠実なイタリア料理

住宅街にある隠れ家レストラン。イタリアの庶民的な食堂を思わせる雰囲気となじみのある料理の数々で、30年近くファンに愛されている。大切にしているのは「基本に忠実であること」とシェフ。家庭でも使われる食材をシンプルに調理していく中で、培ってきた経験や感覚を頼りにエッセならではの味を生み出していく。人気メニューは昼夜ともに注文できる「エッセランチセット」1900円(夜は2230円)。5種類の前菜とサラダ、パスタ、ドルチェ、ドリンク付き。

「豚肉のグリル」1800円。肉、魚、野菜料理などメインディッシュ系も充実

ライブキッチンやテラス席を備えた店内。併設のドッグガーデンは事前予約

1992年創業の老舗。小さな看板とマスターの愛車「シトロエン2CV」を目印に

お店から一言

東京での修業を終え、地元に戻ってきました。親子2代で次の時代の「エッセ」を構築していきます!(2代目シェフ・竹内さん)

イタリア料理

エッセ

浜松市東区 map:P72 G-2

☎053-435-0577
住 浜松市東区中郡町1987-2
営 11:30〜14:00LO
18:00〜20:00LO(土日祝17:30〜)
※夜は予約優先
席 テーブル24席、テラス6席
休 火曜 ※不定休あり
P 15台

心安らぐ木目調の店内。カウンター越しに伝わる調理の香りや音もご馳走の一部だ

イタリア国旗が目印。最寄りのバス停・駐車場から徒歩1分の好アクセス

イタリア料理店

ラ・カーサ

浜松市中区　map：P74 E-4

☎053-456-0223
住 浜松市中区神明町315-16
営 18:00〜22:00(21:30LO)
席 カウンター6席、テーブル4席
休 日曜
※PayPay可

ニンニクが効いた「牡蠣のジェノベーゼ・スパゲットーニ」1760円

アットホームにワイワイ楽しむ食堂スタイル

仕事帰りの"おひとり様"も気軽に立ち寄れるカウンタースタイル。季節のおすすめや相性の良いワインなど、気軽にシェフに聞くことができる。パスタは手打ちのショートパスタや3本の麺を最新技術で編み上げたロングパスタ・ティラスーゴなどバラエティー豊か。食後のジェラートや焼き菓子もお見逃しなく。

お店から一言

イタリア料理の主役はパスタでしょう。コースでは手打ちのショートと乾麺のロング、2品の違いが楽しめます（オーナーシェフ・加納さん）

黒トリュフペーストがぜいたくな「鶏のロースト・春キャベツ添え」1760円

地元食材が主役のスパゲッティ・スペチャーレ

主役は奥浜名湖の豊かな自然が育む地元食材。新鮮な野菜、みっかび牛、浜名湖産牡蠣をはじめ、ウニ、アワビ、トリュフ、ポルチーニ茸といったぜいたく食材をスパゲッティ・スペチャーレ(特別なスパゲッティ)として提供する。素材の良さを最大限に引き出す秘訣は、細部にまで手を抜かない仕込みとシンプルかつ王道の調理法だ。コンセプトに掲げる「ここにしかない、ここでしか食べられない」イタリア料理の神髄を体感してみて。

お店から一言

食材の素晴らしさを味わってほしいので、スパゲッティが隠れて見えないほどメイン食材のボリュームを意識しています(オーナーシェフ・太箸さん)

噛む間もなくジュワっと溶け消えるケーキなど「本日のデザート」660円も絶品!

具材たっぷり「ホタルイカのアンチョビオリーブオイルスパゲッティ」2530円

昼夜の食事だけでなく、ディナーやコーヒータイムでの利用もおすすめ

4年ほど前に中区高丘から移転。北区細江町のゆったりと流れる時間に包まれて

奥浜名湖イタリア料理

gigio

ジージョ

浜松市北区　map：P75 D-2

☎053-415-8979
住 浜松市北区細江町気賀17-1
営 モーニング9:00〜10:45LO
ランチ11:30〜15:00(14:30LO)
コーヒータイム14:30〜16:00
ディナー18:00〜20:00LO
※月曜はコーヒータイム、ディナータイム休み
火曜は全日休み
席 テーブル6席、カウンター3席
個室4席、テラス4席
休 火曜(不定休あり)
P 10台

地元食材のおいしさを最大限に引き出すパスタ

イタリアで学んだ技術と独自のアレンジで、安心・安全なイタリアンを生み出す同店。地元野菜や遠州灘&浜名湖の新鮮魚介など、地産地消にこだわる姿勢も強い。素材の個性を見極め、その良さを最大限に引き出す味はパスタでも健在。旬を味わうなら黒板メニュー「本日のおすすめ」から、お得に楽しむなら4コースから選べる「ランチセット」1520円〜や「夜のコース料理」3850円〜（予約制）を注文してみよう。

お店から一言
パスタは10種類+おすすめをご用意。地元食材をふんだんに使った"グイドらしい"パスタばかりですよ（オーナー・荒井さん）

「季節野菜のバーニャカウダー」968円（夜限定）はワインのお供にぴったり!

蟹のうま味が広がる「渡り蟹のトマトソースリングイネ」1628円（夜限定）

シックで落ち着いた店内。各種宴会コース（3850円〜）や飲み放題にも対応

店名の「グイド」は修業先だったイタリア・アルバの一つ星レストランと同名

TRATTORIA
Guido
グイド

浜松市東区　map：P72 F-5

☎053-523-9436
住 浜松市東区天王町1790-5
営 11:30〜14:30（14:00LO）
17:30〜22:00（21:30LO）
席 テーブル34席、カウンター6席
休 月曜
P P23台（店舗裏）

地元食材を活かし切る、熱々パスタの名店

家庭的で心のこもったサービスを信条とする老舗イタリアン。季節ごとの旬や珍しい野菜など、多種多様な遠州産食材を取り入れ、素材の味を活かし切った料理へと仕上げていく。昼夜ともにリーズナブルなコースが人気で、ボリューミーな前菜盛り合わせから30種類を数えるパスタ、ドルチェまですべて手作りだ。

20種類のパスタから選べる「ランチAコース」1500円。前菜、デザート付き

お店から一言

食材のおいしさやパスタの食感を一層楽しんでいただけるよう、熱々のパスタを提供しています
（シェフ・渥美さん）

夜は「パスタコース」1680円、「パスタ＆ドルチェ」2000円がおすすめ

リモーネ

浜松市中区　map：P70 E-1

☎053-458-7478
住 浜松市中区元城町117-19
営 12:00〜15:00
17:00〜22:00
席 テーブル8席、カウンター4席
休 不定休

夫婦で営む小さな店舗ながら、浜松有数の名店として多くのファンを引きつける

アットホームな店内は、キッチンを望むカウンター席と窓辺のテーブル席で構成

「スパのパスタ」は隠れたローカルグルメ

ウエスタン調の空間と50種以上の個性的なパスタメニュー。「スパのパスタ」と言えば、浜松市民なら一度は口にする隠れたローカルグルメだ。一番の特徴はプリプリ&モチモチの自家製生パスタ。前菜、ドリンクorデザートが付いた「パスタセット」1880円で味わって。「$コーヒー」380円も健在。

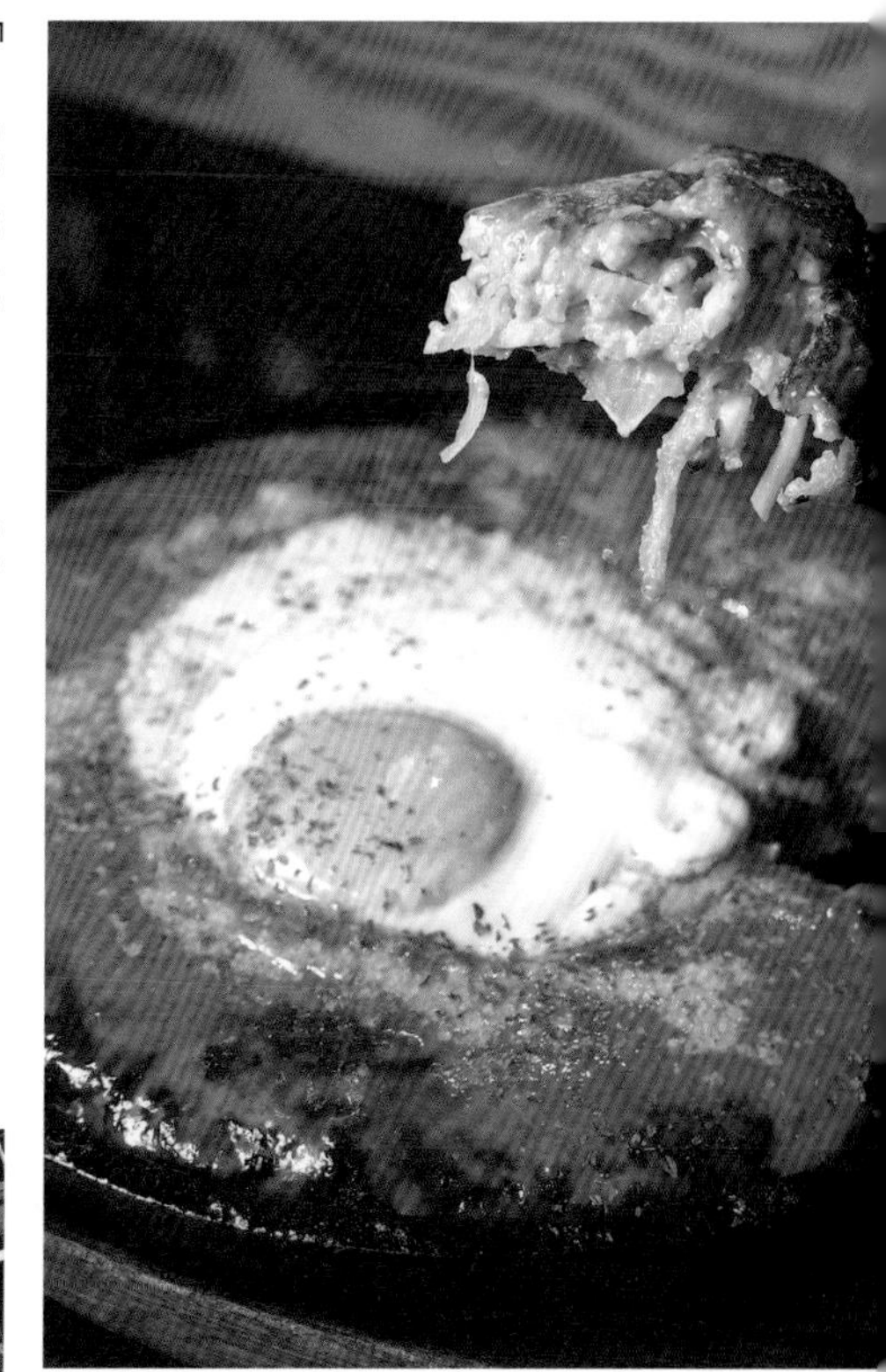

お好み焼きとスパゲッティのコラボ。創業から続く名物「お好みスパ」880円

グリルチキンがのった「カウボーイスパ」1180円。不動の一番人気を誇る

スパ1世 佐鳴台

スパいっせいさなるだい

浜松市中区　map：P71 B-1

☎053-449-0822
住 浜松市中区佐鳴台4-36-18
営 11:00〜15:00(14:30LO)
17:00〜23:30(23:00LO)
席 テーブル56席
休 木曜、第2・4火曜
P 22台

お店から一言

「二丁拳銃」「いじわるスパ」「弾丸ペペロンチーノ」など、ユニークなネーミングにも注目してみてください
（スタッフ・鈴木さん）

ホワイトストリート沿いで40年以上の歴史。親子3代で訪れる客も多い

ライフルや馬車の車輪など、西部劇の世界を思わせるインテリアにも注目!

「ジャガイモのクリームソース冷製カッペリーニ」1600円～（食材によりメニュー、金額が替わることがある）

カジュアルでも味はリストランテ級の本物

イタリア国旗が目印のカジュアルな隠れ家的トラットリアだが、どんな食材でも個性を見極め、おいしく仕立てるシェフの技量はリストランテ級だ。味付けはシンプルで、魚や肉などメニューに合わせて取る自家製ダシが決め手。ダシはパスタソースに活かされることもあり、奥行きある味わいが楽しめる。その日の仕入れとシェフの気分で変わる気まぐれメニューなので、気になるパスタがあれば迷わず注文を。

「骨付き子羊のロースト」2200円～。甘みのある脂と柔らかな食感が絶品

シックで落ち着いた雰囲気。ボードのメニューもチェックして

秘密にしておきたくなるような隠れ家イタリアン

お店から一言

見た目の華やかさはもちろん、ボリュームにも満足いただけます。イタリアンならではのパスタをお楽しみください（オーナーシェフ・澤野さん）

トラットリア グーフォ

袋井市　map：P77 A-3

☎0538-84-9986
住 袋井市堀越1-23-2
営 11:00～15:00(14:30LO)
18:00～22:00(21:30LO)
席 テーブル16席、カウンター8席
休 木曜、第2水曜
P 5台
※駐車位置は店に要確認、
なるべく乗り合わせで来店を
※夜のみPayPay、クレジットカード可

お手頃ながら味は本格
絶品トマトソースに舌鼓

イタリアの田舎を思わせる雰囲気の中で、本格的なイタリアンをリーズナブルに楽しめる。イタリア産トマトを煮詰めて作る人気のトマト系パスタは独特の粘りとうま味が特徴。このソースをシンプルに楽しむなら「アマトリチャーナ」1000円を。トマトクリームは、合わせる具材によってトマトソースの配合を変えて酸味を加減し、クリームとの調和を図っている。まろやかなコクがやみつきになると評判のクリーム系パスタもおすすめだ。

「本日のドルチェ盛り合わせ（ミニ）5種」990円と、イタリア・チンバリ社のマシンで淹れる「カプチーノ」480円

トマトとカニの風味豊かな絶品パスタ「渡り蟹のトマトクリームスパゲティー」1430円。ランチメニューでもチョイスできる

バール
ルスティカーレ

袋井市 map：P77 D-3

☎0538-44-6387
住 袋井市愛野南2-3-1
営 11:00～14:00(13:30LO)
17:30～21:30(21:00LO)
席 テーブル20席、カウンター5席
休 火曜、水曜
P 共同駐車場20台
※PayPay可

お店から一言
パスタは何度も試食を重ねておいしいと思ったものだけをお出ししています。一度お試しください（オーナーシェフ・中山さん）

愛野駅やエコパスタジアムからも近く、アクセス抜群

イタリアの建物を意識した造りの店内は温かみある雰囲気

旬の野菜を豊富に使うオイル系パスタが絶品

欧風の洋食を中心にシェフの両親や地元農家が栽培した地元野菜をたっぷり使用したメニューが豊富にそろう。パスタなどのフードメニューは日替わりや季節替わりするため、1年を通していろいろと季節の味を楽しめるのも魅力。シェフの作るオイル系パスタには白ワインが相性抜群。

ニンニクの風味が絶妙な「アンチョビと春キャベツのペペロンチーノ」880円

お店から一言
日々料理のブラッシュアップを心掛けています。非日常空間で季節料理を楽しんでください（シェフ・村松さん）

和風な軒先に仏字の店名が印象的

店舗２階がカフェスペース。ログハウスの屋根裏のような雰囲気の居心地良い空間

８種類以上の地場産の季節野菜で彩られた「バーニャカウダ」792円

レブール

磐田市　map：P76 F-4

☎0538-30-7695
住 磐田市豊島313-2
営 ランチ11:00～15:00
ティータイム15:00～18:00
ディナー18:00～22:00
（21:00LO）
席 テーブル26席
休 火曜、第1月曜
P TSUTAYA共有駐車場
※PayPay、au Pay可

あの名選手もほれたカレーパスタで華麗に味わう

浜松から福田に移転して12年目、地元の主婦層からファミリー、ビジネスマンなど客層は幅広い。スポーツ選手にもファンが多数。メニューで提供しているルーは12種の野菜とフルーツを35種の調味料で3日間かけて煮込んだものをベースとしており、パスタでも味わえるとあって人気も納得。

「カレークリームソース木の子とベーコンのパスタ」1265円 平日ランチセット＋385円

お店から一言
パスタとカレーに加え、和食や中華のメニューも増えています。ソースもスイーツも手作りです（店主・宮田さん）

「チキンと5種野菜カレー」1155円
チーズトッピング165円

パスタ＆カレー 5g

5グラム

磐田市　map：P76 G-5

☎0538-55-5906
住 磐田市福田464-1
営 平日11:30～14:30(14:00LO)
土日～15:00(14:30LO)
土日夜17:00～21:00(20:30LO)
平日夜は問い合わせを
席 テーブル18席、カウンター10
休 月曜　P 20台

テイクアウトもますます充実、自慢のカレーを自宅でも

明るい店内、土日はカップル客中心で一人客も増加中

フェデリーニと地元食材が好相性

浜松産野菜をふんだんに使用したイタリア家庭料理をリーズナブルに提供。パスタは、トマト、トマトクリーム、クリーム、ペペロンチーノなど約15種類を用意。ソースや具材がよく絡むよう、麺の太さをフェデリーニ（1・4〜1・5㎜）で統一しているのがこだわりだ。ランチは1000円〜。ディナーなら、ピザ、パスタ、肉&魚料理のすべてが味わえる「LA LUNAコース」4950円がおすすめ。ワインに合うアンティパストも充実する。

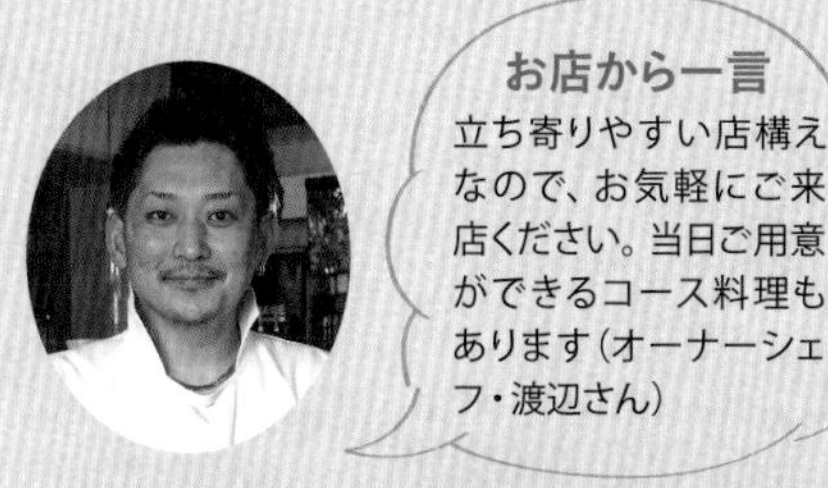

お店から一言

立ち寄りやすい店構えなので、お気軽にご来店ください。当日ご用意ができるコース料理もあります（オーナーシェフ・渡辺さん）

「白身魚と有頭エビのポワレ」1188円。SNS映えする盛り付けも◎

新作「ウニのペペロンチーノ」1958円は、夏までの期間限定メニュー

カジュアルな雰囲気で食事にもちょい呑みにも対応。半個室席もあり

中区肴町で15年営業を続ける人気レストラン。赤いドアを目印に

VIVACE

ヴィヴァーチェ

浜松市中区　map：P74 E-5

☎053-454-7895
住 浜松市中区肴町313-14
営 12:00〜14:00（13:30LO）
18:00〜23:00（22:00LO）
席 テーブル20席、半個室8席
休 月曜・第3日曜　※不定休あり

浜名湖産大粒アサリ入り
「あさりのトマトクリーム
スパゲッティ」1000円

フレンチの技法が冴える 繊細なソースに注目

フランス料理をベースに和洋中、エスニックなどの料理を織り交ぜたダイニングバー。長年ホテルで腕を磨いてきた店主・松下さんが作るパスタは、フレンチの技法を生かしたソースが自慢。一番人気の「あさりのトマトクリームスパゲッティ」は良質なトマトと生クリーム、濃厚なアサリのエキスが織りなす繊細なソースの味わいが楽しめる。夜のアラカルトメニューだがランチに登場することもあるのでチェックしてみて。

旬の魚の刺身がたっぷり「鮮魚チャイニーズサラダ」1050円

UDEMAKURI DAINING
厨'S
うでまくりだいにんぐ ちゅうず

袋井市 map：P77 D-2

☎0538-43-6161
住 袋井市愛野東2-7-4
営 11:30～13:30LO
17:30～22:00LO
金土～23:00LO
席 テーブル36席、カウンター4席
休 月曜、火曜ランチ
P 10台
※愛野駅前市営駐車場のサービス券進呈あり
※PayPay可

お店から一言
フレンチの命である自家製ソースが自慢。具やパスタとよく絡み、それぞれの個性を引き立てるベストバランスのソースです（オーナー・松下さん）

居酒屋以上料亭未満、おいしくリーズナブルがコンセプト

愛野駅北口から徒歩1分。駐車場も完備している

彩り豊かな自家栽培の季節野菜パスタに満足

自家菜園で収穫する旬の野菜、漁港から直接仕入れる新鮮な魚、地元ブランドの豚肉など地場産食材のおいしさと彩りをパスタなどの洋食で存分に味わえる。連日ランチは盛況で、幅広い世代の女性やファミリー層から特に人気が高い。食材のうまさを最大限引き出すため、シンプルでやさしい味わい。2018年からはテイクアウト専用窓口のあるベイクショップも創設し、焼き菓子にも力を入れる。週末はお菓子を目当ての女性客も多い。

お店から一言
自家菜園で採れる旬食材を使い、洋食の他にもスコーンなどのお菓子を焼いてます。（パティシエ・山田さん）

旬の果物のスコーンや低温で焼くグラノーラを販売するベイクショップも人気

「鯖と自家製セミドライトマトとココペリ野菜のガーリックオイルスパゲティ」1408円

ベイクショップココペリは週末限定営業だが、一部の焼き菓子は平日店内でも購入可能

ガーデニングとウッドテイストの入り口が青空に映える

Café & Dining
kokopelli
ココペリ

菊川市 map：P77 D-6

☎0537-35-5299
住 菊川市加茂5269
営 11:00～14:00（13:30LO）
（カフェ）14:00～16:30
※土日のみ
17:30～21:00（20:00LO）
（ベイクショップ）
10:30～18:00 ※土日のみ
席 テーブル32席、カウンター2席
休 月曜、第3火曜
P 15台
※ランチのピザのみ前日予約必須
※電子マネー可

「カルボナーラ」1290円
グアンチャーレとペコリーノロマーノを使った本場の製法

駅近くの本格イタリアン スイーツも大人気

流行り廃りに流されない、オーソドックスな本格イタリアンの店。本場ローマの味を追求したカルボナーラはクリームやオリーブオイルを使わず、濃厚さとさっぱり感を出す。人気の絶品かき氷は通年提供のため、夏場はもちろん、冬場に楽しむファンも多い。

お店から一言
県内初のサンマルコ社のレバー式マシンを導入しました。ナポリでしか飲めない本物のエスプレッソをお届けします（マスター 店主・横山さん）

JR浜松駅からわずか1分で、ヨーロッパの街角にトリップ

窓を大きくとった、温かな店内で、くつろぎのひと時

「ババ・アムール」540円。ブルガリアローズの香るナポリ風サバラン

カフェ TOSCA
トスカ

浜松市中区 map：P74 F-5

☎053-452-8300
住 浜松市中区板屋町104-1
営 11:30～18:00
土曜のみ～20:00
席 テーブル20席
休 火曜

ぶつ切りのタコとトマト、アンチョビが融合する「タコとアンチョビ」1155円

70種類以上の中から お気に入りを見つけて

1984年創業。70種類以上のパスタを中心に、ピザ、リゾット、肉・魚料理など、多彩なイタリア料理をそろえる。注目は、やはりパスタ。定番のトマトやホワイトソースから、納豆やタラコなどの和風テイスト、ウニやイクラといった高級食材を使用したものまで、何度訪れても飽きないラインナップだ。

塩漬けした豚肉のうま味が広がる「ピッツァパンチェッタ」1166円

お店から一言
豊富なパスタのメニューから、あなたのお気に入りの一皿を見つけてみてください！（オーナーシェフ・岡田さん）

スパゲッティ専門店として中区伝馬町で創業。1989年に現店舗へ移転した

歴史を感じさせる洋館風の店内。常連をはじめ世代を超えたファンに愛される

シシリー

浜松市中区 map：P73 B-6

☎053-475-2508
住 浜松市中区富塚町431-1
営 11:00～22:00（21:00LO）
※ランチ（平日限定）
11:00～14:30
※ディナーコース
18:00～20:30LO
席 テーブル40席、カウンター2席
休 月曜・火曜（祝日の場合は営業）
P 17台

採れたて旬野菜の彩り豊かな創作フレンチ

旬野菜を使った創作フレンチが、幅広い世代の女性に人気のレストラン。野菜はオーナーシェフの榛葉さん一家が自家栽培したものを使っている。ランチはライス・サラダ・スープ・デザートが付くセットがお得。肉を使わない野菜たっぷりのパスタはヘルシーながらボリュームもあり満足の逸品。ベビーカーでも入店しやすい広い店内は、幼児や小さい子ども連れのママ友ランチにピッタリ。キッズが喜ぶお子さまランチメニューもある。

ランチメニューの「旬の彩り採れたて野菜カレー＋チーズ」1530円

ソファー席もあり、ゆっくりとくつろぎながら食事を楽しむ落ち着いた雰囲気

緑豊かなアプローチの先にある全面ガラス張りの入り口

お店から一言

愛情込めて育てた野菜の採れたてのおいしさをたくさん味わってください（オーナーシェフ・榛葉さん）

採れたて野菜と健康のレストラン

グリノア

菊川市　map：P77 D-6

☎0537-54-3939
住 菊川市加茂4981-2
営 ランチ11:00～15:00（14:00LO）
ディナー17:00～22:00（21:00LO）
席 テーブル42席
休 水曜
P 18台
※PayPay可

ディナーで提供する「自家菜園野菜とトマトのジェノベーゼ」1350円

ブラウン基調のウッディな床や壁が落ち着いた雰囲気を演出

R152有玉バイパスから東に約1km、住宅地にある隠れ家スポット

エ カリーナ

浜松市東区 map：P72 F-3

☎053-433-3344
住 浜松市東区小池町153
営 17:30～21:00LO
席 テーブル10席
休 月曜
P 7台

プリフィクスコースの「彩り野菜と塩豚のペペロンチーノ」グラスワインは550円～

住宅街の隠れ家イタリアン キャベツロールも大人気

地元の契約農家の野菜を使うイタリアン。5種のパスタと6種のメイン料理が選べる「プリフィクスコース」が人気。住宅街の隠れ家的な場所にあり、カップルを中心に幅広い客層から愛される。アルカリイオン水でゆで上げたパスタは、麺がもっちりと仕上がりソースが良く絡むと評判。メイン料理は何といっても、8時間煮込んだトロトロのキャベツロールが開店以来の看板メニュー。この味を求めて市内外からファンが足しげく通う。

お店から一言

近年では低温調理にも力を入れています。火を入れ過ぎないことで、うま味たっぷりで柔らかい口当たりが楽しめます（オーナーシェフ・藤原さん）

「8時間煮込んだキャベツロール」パスタ、ジェラート、コーヒー or 紅茶付き　2970円

良質食材にこだわった ぜいたくなイタリア料理

「食材には徹底的にこだわります」と語るオーナーの細田さん。朝採れの地元野菜をはじめ、国内外から良質な食材を仕入れ、季節感あふれるハイレベルなイタリアンへと昇華させていく。コース料理主体のため、パスタ単体は夜のみ対応。バリラ社の最高級パスタ「セレシオネ・オロ・シェフ」の芳醇さと、イタリア産ポルチーニ茸のクリームソース、北海道産エゾ鹿のラグーといったぜいたくな美味に心躍らせて。

お店から一言

「自分ならこんなお店に行きたい」と思いながら営業しています。季節野菜の自家製ピッツァもおすすめですよ（オーナー・細田さん）

「前菜の盛り合わせ」1400円。イタリア直輸入の樽生ワインと合わせて

リピート率の高い「イタリア ポルチーニ クリームソース」1700円

普段使いにも特別な日にも対応できる雰囲気の店内。お得なランチは2000円

佐鳴湖にほど近い西区大平台の人気レストラン。店名はイタリア語で「癒やし」

Curare

クラーレ

浜松市西区 map：P71 A-1

☎053-523-9007
住 浜松市西区大平台3-28-20 サンヴィレッジ1F
営 11:00～15:00（14:00LO） 18:00～22:00（21:00LO）
席 テーブル11席（半個室あり）
休 水曜 ※不定休あり
P 8台（店舗裏）

手打ちの食感が堪能できる店

乾燥パスタのアルデンテ（歯ごたえのある食感）とはまた違う食感が魅力の手打ちパスタを味わいたいときに。

遊び心満点！毎日食べても飽きないパスタ

塩、バター、チーズ仕立て「マッシュルームソースのスパゲティ」1490円

イタリア語で「大衆食堂」を意味する店名だが、内装は親族の有名建築士が設計したというゴージャスな雰囲気。お客さんと会話をしながらその日の気分や体調に合わせてメニューを提案するのが国本シェフのスタイルで、時には裏メニューが飛び出すこともある。「日本のご飯とみそ汁みたいな、毎日食べても飽きないパスタを提供したい。だからあえて日本人になじみの深い乾麺のスパゲティで勝負しています」

「ガーリックトースト」（1ピース300円）パスタソースを付けて味わって。夜限定

お店から一言

パスタ料理は見た目がとてもシンプル。でも、食べると抜群においしいんですよね。そこが魅力だと思います（オーナーシェフ・国本さん）

ストレートなラインがシャープな印象。間接照明が空間を穏やかに演出する

エレベーターで4階へ上がるとすぐに入り口。タイル張りのモダンな雰囲気

Trattoria Otto
トラットリア オット

浜松市中区 map：P74 G-5

☎053-458-8288
住 浜松市中区板屋町628 Y3ビル4F
営 11:30～13:30LO 17:30～21:45LO
席 テーブル12席 カウンター4席
休 水曜、第2・4火曜 第1・3・5ディナータイム
※PayPay可
※夜のみクレジットカード利用可
※小学生以上から入店可能

名物シェフが生み出す、自家製生パスタ

地産地消と自然食にこだわった本格ヘルシーイタリアンで、20年以上にわたり地元の食文化を牽引。県外からのゲストや著名人なども足を運ぶ、磐田の名店として知られている。パスタへのこだわりも強く、その日の湿度や小麦粉の状態を見極め、注文を受けてからパスタマシンで製麺する自家製生パスタが名物。絡めるソースや季節の具材に合わせて、麺の形を変えたり、野菜などを練り込んだカラフルなパスタが登場することも。

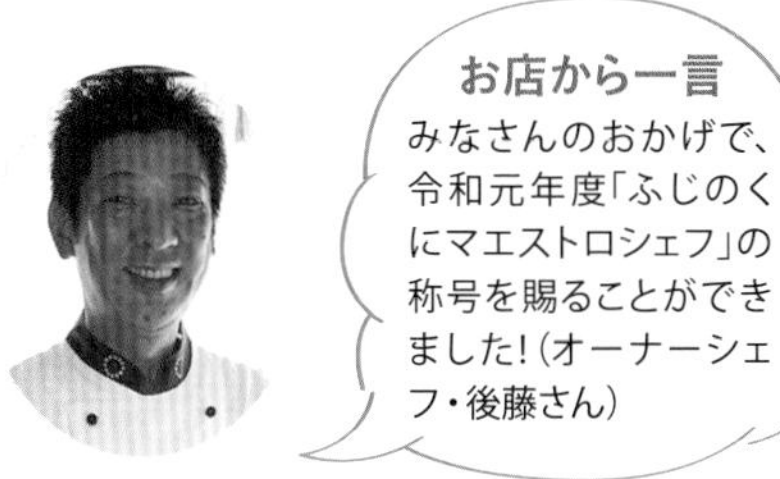

お店から一言
みなさんのおかげで、令和元年度「ふじのくにマエストロシェフ」の称号を賜ることができました！（オーナーシェフ・後藤さん）

県内産ジビエの普及にも注力。アナグマ肉のハムなどの珍味が登場することも

鹿や猪肉を使った「フィットチーネのジビエパスタ」（コース料理内の一品）

ジュビロ磐田とつながりが深い店としても有名。2階には16名収容の個室あり

ランチは770円～。ディナーのおすすめは「ジビエコース」8250円～

ラ・カンティーナ

磐田市 map：P76 F-3

☎0538-33-6363
住 磐田市二之宮629
営 11:30～14:00
17:30～21:00
※予約優先
席 テーブル56席（1・2階）
休 不定休
P 7台

シェフのこだわりを堪能する店

大切な人とのお食事に、自分へのごほうびに、シェフの腕前をふんだんに生かしたパスタ料理をゆっくりと堪能したいときに。

本場シェフによる遠州とイタリアの鮮やかな融合

来日23年の北イタリア出身のシェフがほれ込んだのは、遠州の食材。特に「イタリア産を超えた」と言われる一級品のトマトを、故郷仕込みの技術で見事なイタリアンに昇華させる。浜名湖産の魚介なども使い、味付けは本場志向。世界選手権MotoGPライダーや外国人も訪れる本格派で、店内にはインターナショナルな雰囲気があふれる。故郷はスイスに近く、山地もあるため、ジビエを使った体が温まる煮込み料理や、手作りパンも人気。

自家製トルテッリ、「トルテッリアラ カプレーゼ」2200円 浜松産トマトも使用

アクトタワーやオフィス、マンションが並ぶ、浜松新都心の一角

大きなガラス窓が印象的。デートや記念日にもピッタリ

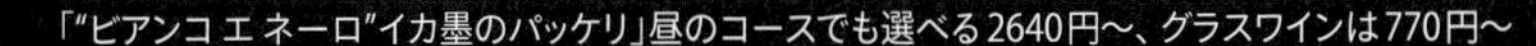

「"ビアンコ エ ネーロ"イカ墨のパッケリ」昼のコースでも選べる2640円～、グラスワインは770円～

Orta Ristorante

オルタリストランテ

浜松市中区 map:P74 G-5

☎053-455-0321
住 浜松市中区板屋町675 第2ハマエイビル2階
営 11:30～13:30LO 18:00～21:00LO
席 テーブル20席
休 火曜

シェフ歴40年！浜松が誇る老舗のイタリアン

本場の食材が手に入れにくかった時代からイタリアンを極め、今年で40年を迎える老舗。今一番おいしいものを楽しめるように、旬や季節感を大切にし、良い素材を惜しむことなく使う。魚介類は冷凍物を使わず、刺身でも使えるほどの鮮度を誇る。手間を惜しまずに調理する、シェフの心意気に惹かれた多くのファンたちが、市内はもとより関東からも集う名店だ。

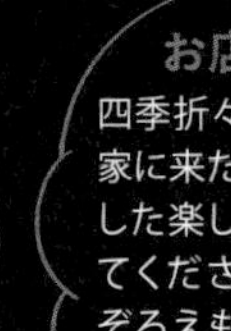

お店から一言
四季折々の味で、友達の家に来たようなリラックスした楽しい時間を過ごしてください。ワインの品ぞろえも豊富です（オーナーシェフ・高橋さん）

濃厚で食べ応え満点「ピッツァクワトロフォルマッジオ（4種のチーズ）」2618円

「新鮮な海の幸のスパゲティアンチョビソース」2人前6380円、グラスワイン858円

店内はイタリアの田舎にある友人の家のような趣がある

ぬくもりあふれる外観。ちなみに店の名前はイタリア語で「高橋」の意味

南欧料理
ALTA PONTE
アルタポンテ

浜松市中区 map：P73 C-3

☎053-437-3099
住 浜松市中区葵東3-4-4
営 11:30～14:00
17:30～22:00
席 テーブル席14名、カウンター席2名
休 木曜
P 6台

“幻のカニ”のうま味を味わう「ドウマンカニのパスタ」（コース料理内の一品）

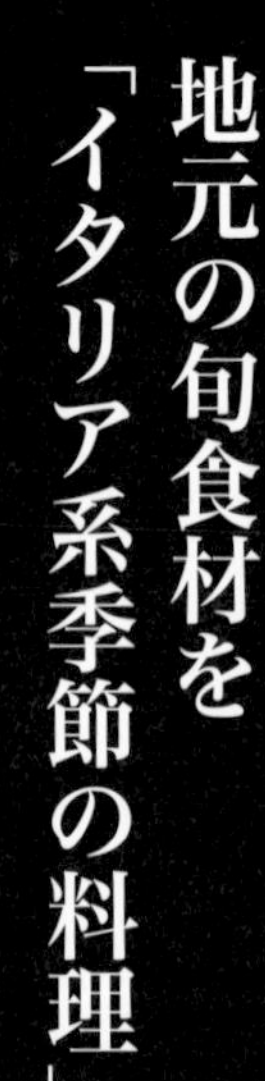

地元の旬食材を「イタリア系季節の料理」に

「イタリア系季節の料理」をコンセプトに、使用食材のほとんどを地元産で賄う。野菜や肉はもちろん、浜名湖産のドウマンカニやスッポン、ウナギ、もちがつおなど、魚介のバラエティにも驚かされる。その日の仕入れや食材の状態を見て、調理法や味付けを調整し、「今日はこれを食べてほしい」を提案するスタイル。初めて訪れるなら、前菜、パスタ、メイン、ドルチェなどが堪能できるコース料理（要予約／５５００円～）がおすすめだ。

前菜は1850円～。常時200～300種類をそろえるこだわりワインと合わせて

遠州鉄道・第一通り駅のすぐ近く。記念日などでも重宝される落ち着いた空間

店名はイタリア語で「ちょっとした幸せ」。人気店なので事前予約が確実だ

お店から一言

ご注文をいただいてから一皿ずつ丁寧に作っていく、旬の地元食材を活かした創作イタリアンです（オーナーシェフ・岡田さん）

CONTENTO

コンテント

浜松市中区　map：P74 F-5

☎053-452-2006
住 浜松市中区板屋町102-17
営 18:00～23:00LO
※GW（5/3～5）、正月（1/1～3）は昼営業あり
席 テーブル14席（個室あり）カウンター5席
休 日曜、不定休

組み合せの妙技を楽しむ旬の静岡イタリアン

店名の「マスターオブフード（MOF）」とは、地元で作られた体に良いものを食べるというイタリアの考え方のこと。野菜や魚介、肉など地元の旬を積極的に取り入れた「静岡イタリアン」を提供している。パスタは小麦の風味を損なわないようゆで上げ、具材は素材の良さを活かすシンプルな味付けで、五感を刺激する一皿に仕立て上げる。名物のフルーツ冷静（静＝静岡産食材の意）パスタは、これ目当てに駆け付けるファンもいるほど。

「紅ほっぺと掛川フルーツトマトの冷静パスタ」1380円。時期によって果物も替わる※夏季限定

「ホタテとキャビアの冷製パスタ」2400円。夏季限定の豪華な一皿

お茶のパスタにバジルソースを合わせた「掛川茶入り茶ノベーゼ」1080円

和の食材を華やかなイタリアンで召し上がれ

掛川とイタリア・ペーザロ市のコラボが店のコンセプト。掛川名産のお茶や掛川牛などの食材を本格イタリアンで仕上げた、華やかで食欲そそる料理が数多くそろう。掛川茶を麺に練り込んだパスタにバジルソースとチーズ、イタリア産ベーコンを合わせる「掛川茶入り茶ノベーゼ」はその代表的メニューだ。他にも、ブランド牛の掛川牛を使用するメニューも豊富にそろい、特にランチではリーズナブルな価格で味わえると訪れた人に喜ばれている。

トリュフソースの香り豊かな「掛川牛のロッシーニ風ステーキ」2480円

広い店内はソファー席や半個室があり、窓際の席からは掛川城を一望できる

入店の際は、入り口の黒板に書かれたおすすめメニューを要チェック

お店から一言

掛川城を間近に眺めながらイタリアンが楽しめます。味はもちろん、盛り付けにもこだわった料理をご堪能ください（副店長・髙瀬さん）

掛川姉妹都市イタリアン

ペーザロ

掛川市 map：P77 A-4

☎ 0537-25-7782
住 掛川市城下6-12
営 ランチ11:30～15:00（14:00LO）
ディナー17:00～22:00（21:00LO）
席 テーブル18席、カウンター10席
ソファー8席、個室8席
休 月曜
P 10台
※PayPay可

イタリア人シェフの〝気まぐれ〟スタイルが復活

中区佐鳴台にあった人気イタリアン「サドム」の味を再現させたイタリア人シェフ・セラさん。シンプルながらまねのできない本場の味を楽しめる。メニューは手作りソースがポイントのパスタをはじめ、ピッツァや肉や魚を使った家庭料理が中心。自家菜園の野菜を加えたり、自家製パスタが登場することもある。営業日や時間、メニュー内容はすべて〝気まぐれ〟なので、電話予約や事前確認をしてから来店を。

お店から一言
Ciao！サルディーニャ島の"マンマの味"とともに、またみなさんに会える日を楽しみにしていま〜す！（オーナーシェフ・セラさん）

ベジファースト推進の思いを込め、すべての料理にサラダなどの前菜が付く。割り箸も常備

「アラビアータ」1353円。収穫時期には自家菜園の唐辛子やバジルが入ることも

窓からは自家菜園の様子が窺える。入り口にお客用の手洗い場もあり、衛生面にも配慮

店名は「私の家」という意味。三色旗がはためくオレンジの建物を目指して

イタリア料理＆カフェ

Sa Domu Mia

サドムミーア

浜松市北区　map：P75 D-3

㊠053-543-4555（予約優先）
㊟浜松市北区細江町気賀1657-1
㊒11:00〜22:00（月水金13:00〜）
※予約状況などに応じて変更あり
席 テーブル6卓18席
休 不定休
P 5台

会話が弾む店

ママ友とのランチや少人数での女子会など、女性同士で気兼ねなく食事を楽しみながら、心地良い時間を過ごしたいときに。

特注生パスタの「パルマ産生ハムのクリームソース」1280円

パリッと香ばしく焼き上げた「パニーニ・スモークサーモン」700円

家族連れにも人気のカフェ

浜松市と磐田市に計6店舗の喫茶店を展開するロログループの一つ。全面ガラス張りの店内からは街路樹の季節の移ろいが楽しめる。カフェやケーキ、パフェなどの喫茶メニューはもちろん、アンティパスト、サラダ、パスタ、パニーニ、カレーなどのこだわりのフードも。平日、土日ともに日替わりランチまであり、食事が充実していて魅力的。

LOLOCafe

ロロカフェ

浜松市中区 map：P70 E-1

☎053-455-6639
住 浜松市中区中央1-4-10 パークアベニューbld1F
営 11:00～18:00
席 テーブル36席
休 水曜、第2・3火曜
P 13台
※PayPay可

お店から一言

写真の生パスタは幅広麺のフェットチーネ。モチモチ食感が人気で、当店がオーダーしている特注品です（店長・鈴木さん）

コンテンポラリーな雰囲気で、明るく広々とした空間が心地よい店内

街中にありながら13台もの無料駐車場を完備

季節感漂う「カブと芽キャベツと大葉のクリームパスタ」1200円

地場産野菜の魅力を食べて感じるカフェ

掛川駅から徒歩2分のカフェで、主婦や学生、会社員や観光客などさまざまな人が利用する。地場産の季節野菜を旬なタイミングで提供することにこだわり、年間を通して多国籍な料理が楽しめる。パスタをはじめとする料理の味付けはシンプルで、野菜本来の魅力を引き出すやさしいテイスト。「空間を自由に使える場所」をコンセプトに、訪れた人が日常を離れて気分転換できる駅近オアシスを目指している。気候が良い日はテラス席も開放する。

和と洋の相乗「小豆のニューヨークチーズケーキ」400円、ホール3600円

ファニーファーム

掛川市　map：P77 B-5

☎0537-62-0818
住 掛川市駅前7-20 ウィタス138ストア内
営（ショップ）10:00～
（ランチ）11:00～14:00LO
（カフェタイム）14:00～
（ディナー）18:00～21:00（20:30LO）
席 テーブル20席、カウンター4席、座敷12席
休 火曜
P 市営駐車場を利用して、ランチもしくは1000円以上のお買い上げで割引チケットを発券

お店から一言

季節限定の旬野菜のパスタは女性からの人気も高いメニューです（マネージャー・正井さん）

海外のビールやナチュールワインを販売するボトルショップもある広い店内

ボタニカルテイストで飾られた入り口は優しい雰囲気でセンスの良さを感じる

多彩なアレンジが楽しめる店

和風やエスニック風など、イタリアンの形式にとらわれず、シェフの工夫やアレンジでいろいろな味わいを満喫したいときに。

元教会をリノベーション ゆっくり流れるくつろぎの時

「さばのトマトソースちょいカレー風味」サラダ・スープ・好きなドリンク付き1350円

二俣街道から小径を入った先に佇むおうちカフェ。建物は、元はスウェーデン人が建てた教会で、築60年ほどのシャビーシックな店内には、ゆるやかな時間が流れている。「地域の食堂を目指したい」というコンセプトで毎月替わるプレートランチやパスタは、「テーブルに運んだ時のうれしさと驚き」を想像して店主がメニューを考案。全て手作りのやさしい味に癒やされる。中心市街地からは一時間弱。癒やしの旅に出かけよう。

「焼リンゴのバニラ添え」500円。オーブンで焼き上げた熱々のリンゴにバニラ

不思議と落ち着く自然体の雰囲気、手作り雑貨の販売も

年代を感じさせる店構えで、タイムスリップした気分を味わえる

こみちカフェ

浜松市天竜区 map：P78 E-1

☎053-545-3335
住 浜松市天竜区山東4326
営 11:00〜16:00
席 テーブル12席、座卓4席 屋外テラス4席
休 日・月曜
P 8台
※PayPay可

お店から一言

おうちカフェに気軽に入って自分の時間を見つけて楽しんでいってください（店主・友美さん）

和風アレンジパスタを本格ケーキとともに

中田島街道沿いの少しレトロな雰囲気のカフェ。ゆったりと時が流れる店内では、和風アレンジのスパゲティのほか、この道40年のパティシエが作る本格スイーツが並ぶ。店名の通り漫画を読んだり、友人たちとコーヒータイムを過ごしたりした後、ケーキをテイクアウトといった楽しみ方もできる。

「焼きそば風スパ」910円
まかない生まれの看板メニュー。熱烈なファンも多い

お店から一言
下の名前は令和（よしかず）で、"遠州の令和おじさん"です。自慢のケーキは20種前後をそろえていますよ（マスター・池冨さん）

ラズベリーの甘酸っぱさと、バニラの濃厚さがマッチ「ババロア バニーユ」380円

CAFE'S SWEETS Magazine
カフェ・スイーツ　マガジン

浜松市南区　map：P70 F-5

☎053-442-1551
住 浜松市南区中田島町529-1
営 9:00～20:00（現在18:30LO）
席 テーブル50席
休 水・木曜
P 20台
※PayPay可

黄色の建物が目印、裏には止めやすい駐車場を完備

店内にはマスターの趣味の旧車を展示。写真はクラシックミニだが、車種は不定期で替わる

昭和レトロな純喫茶の濃厚ナポリタン

先代から受け継いで店を守るのは影山さん夫婦。昭和の雰囲気が漂う店内には静かにジャズが流れ、マスターとの会話を楽しむ常連客や、ママ特製の硬めのプリン目当てに訪れる県外客の姿も。ランチは濃厚に煮詰めたオリジナルソースがしっかり麺に絡んだナポリタン、カレープレートなどドリンクセットで1300円から。

硬めの仕上げが昭和風で、ボリューム満点「茶居家のプリン」飲み物とセット900円～

熱々で登場するモチモチ食感の「昔ながらの鉄板ナポリタン」850円

お店から一言
日本人に愛されているナポリタン。アルデンテは合わないので（笑）、前もってパスタの仕込みをしています（マスター・影山さん）

喫茶
茶居家
チャイカ

浜松市中区　map：P74 E-5

☎053-571-1346
住 浜松市中区利町305-6
営 11:30～17:00（16:30LO）
席 カウンター7席、テーブル11席
休 木・金曜
※PayPay可

レンガ造りの外壁に白い窓枠が愛らしい。軒先で元気な植物たちがお出迎え

心がほっと落ち着く店内には20代から50代まで幅広い世代が集まる

老舗の割烹が作る人気の創作イタリアン

嘉永6年に旅籠屋として創業し、12代続く老舗の割烹。現在は料理人の兄弟が板場を任され家族で経営する。余分な脂を丁寧にとりながら長時間煮込む「牛すじ煮込み」は店の名物。老舗ならではの和を取り入れた創作パスタ料理など、ジャンルにとらわれない料理の数々で地元食材の魅力を発信する。

一番人気で絶品の牛すじ煮込みを麺料理で味わう「牛すじパスタ」780円

お店から一言

割烹や創作イタリアンなどジャンルに縛られず、色彩にもこだわる盛り付けで見た目も楽しめます（増田さん）

和風の落ち着いた雰囲気の入り口

広々とした掘りごたつの座敷を完備した和モダンな店内

A5ランクの遠州夢咲牛を使用した「ローストビーフ丼（並）」800円

割烹 合亀

かっぽう ごうかめ

御前崎市 map：P78 E-5

☎0537-86-3022
住 御前崎市合戸335
営 ランチ11:30～14:00（13:30LO）
ディナー17:30～22:30（22:00LO）
席 カウンター6席、座敷22席
休 日曜※予約のみ日曜でも営業
P 15台 ※電子マネー可

こだわりを料理や装飾で体現したイタリアン

「イタリアンに精通する食通が一番最後に行き着く店」というコンセプトのもと、和洋中のジャンルにとらわれない調理で抜群のおいしさを追求した、他店では味わえない創作イタリアンがずらり。手造りの装飾など魅力あふれる店内に足を踏み入れたら、時間の許す限り雰囲気と料理を楽しもう。

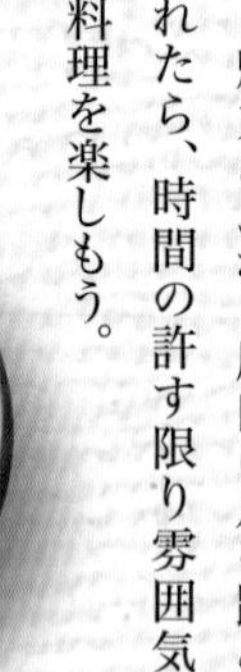

際立つピンク色はビーツを使った「天空卵のピンクカルボナーラ」1078円

お店から一言

味の組み立てにこだわり、和洋中の垣根を越えたイタリアンを楽しめるメニューを提供します（店主・山中さん）

Monte Pasto

モンテパスト

袋井市 map：P77 A-3

☎0538-43-1131
住 袋井市天神町2-1-17
営 ランチ11:00～13:00LO
ディナー18:00～21:00LO
席 テーブル16席、カウンター9席
休 火曜、第3水曜 P 6台
※電子マネー可

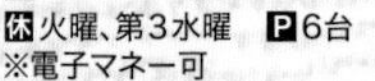

風味とダシ感が良い和風テイスト「アサリとあおさのボンゴレ」1320円

6台の駐車場があり、車でもお気軽に

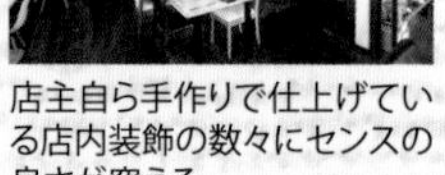

店主自ら手作りで仕上げている店内装飾の数々にセンスの良さが窺える

41種の和風スパゲティにこだわり今年で35年

大阪のスパゲティ専門店で腕を磨き、バブル期の浜松の街中にオープンしたのが35年前。"良い"の語呂合わせで41種のパスタが創業当時からのグランドメニューだ。現在はさらに12種のメニューが季節ごとに登場する。「修業先の店にもあったから私には当たり前」と川合シェフが話すのは納豆入りスパゲティ。このほか明太子や梅がつお、野沢菜など和風メニューが目白押し。"ゆでたて"が絶対のこだわりで、今日もアルデンテな一皿に神経を研ぎ澄ましている。

お店から一言

4名様には4皿のスパゲティを同時にお出しできるよう、ゆで上がりやソースを絡める時間を調整しています(オーナーシェフ・川合さん)

しょう油ベースで炒めた椎茸入り和風パスタ「ヤングスペシャル」850円

卵黄で溶いたふんわり納豆入り「あさり・しめじ・なっとう」1250円

ジャズが流れる昭和レトロな店内。ランチタイムはサラリーマンでにぎわう

遠州鉄道「第一通り駅」すぐ。ビル2階や入り口にあるオレンジの看板が目印

オレンジ パパ

浜松市中区 map:P74 F-5

☎053-456-0088
住 浜松市中区田町331-5 鈴木ビル2F
営 11:00～20:00
席 テーブル10席、カウンター5席
休 水曜
※PayPay可

ドライブがてら寄りたい店

郊外へのドライブついでに気軽に立ち寄りたい、あるいは、そのお店を目的地にプチ旅行気分を味わいたい、そんなときに。

のどかな港町にある かわいいビストロ

漁師の経験を持つシェフの原口さん夫婦が営む小ぶりでかわいらしいビストロ。ランチは、漁港から仕入れた上質な魚介類をぜいたくに使用したパスタなどが堪能できる。ディナーコースは薪を使う煮込み料理に力を入れる。料理に合わせるソースは手作りにこだわり、オンリーワンの味で勝負。店主夫婦は気さくで親しみやすく、まるで親戚の家に訪れるような感覚で、肩肘張らずに心ゆくまで料理や会話を楽しめる。

お店から一言

高級な魚介類も気軽にお召し上がりいただけるアットホームなお店です（オーナーシェフ・原口さん）

日替わりの旬のランチデザートの一例「いちごのティラミス」330円

店の形、装飾や小ぶりなサイズ感もかわいらしい店舗

元々ラーメン屋だった物件をシェフと友人らで改装した海辺の隠れ家的な店

サラダ、パン、ドリンクがセット「エビとホタテのクリームパスタ」1760円

Bistrot Balena
ビストロ　バレーナ

御前崎市　map：P78 H-6

☎0548-63-5609
住 御前崎市御前崎8-18
営 ランチ11:30～15:00（14:00LO）ディナー17:30～21:00（20:00LO）
席 カウンター9席、個室5席
休 月曜
P 7台
※PayPay可

黒毛和牛のスネ肉を使う「夢咲牛のミートソースフェットチーネ」1210円

おいしい・うれしい・楽しい 御前崎イタリアン

「〝おいしい〟料理、〝うれしい〟サービス、〝たのしい〟時間」をコンセプトに地元密着のイタリア食堂を目指し、安西店主夫妻が２０１７年に開業。濃厚なミートソースと相性抜群のフェットチーネは、生パスタのもちもち食感が人気で、小さい子どもから大人まで楽しめる。御前崎港から直接届く新鮮な魚、地場産の採れたて野菜、こだわりの肉を使い、それぞれの個性が活きるよう味の相乗効果も考えて作る。

季節ごとに旬の鮮魚をソテーする「御前崎産金目鯛のソテー」1890円〜

イタリア食堂

IL Piatto

イルピアット

御前崎市 map：P78 F-5

☎0537-86-3988
住 御前崎市池新田3776-1
営 ランチ11:30〜14:00(13:30LO)
ディナー18:00〜22:00(21:30LO)
席 テーブル16席、カウンター4席
休 水曜
P 6台

お店から一言

魚の焼き方は特にこだわり、手間をかけ丁寧に焼きます。地元で長く愛される店を目指します(店主・安西さん)

自然光が差し込む明るい和モダンな店内。時間を忘れてイタリアンが味わえる

季節の花や植物が出迎えてくれるエントランス。和の名残を残すのが店主のこだわりだ

自家栽培のスイートバジルの香りが食欲をそそる「ジェノベーゼ」1080円

和も洋も両方きちんと味わえる和イタリアン

１９９５年に創業し、現在の店舗を新築したのが２００５年。創業時から和食とイタリアンの異色の組み合わせにこだわる。パスタソースには長ネギのような和野菜を使用するなど、固定概念にとらわれない自由な発想で、自家菜園の野菜や地場産の良質な食材を最高の一皿に変える。松下行男店主は大のガンダム・仮面ライダー好きで、２階の特別室には数えきれないほどのプラモデル・フィギュアを展示、そこで食事することもできる。

赤ワインと野菜に一晩漬け込む「夢咲牛ネックの赤ワイン煮」1940円

和伊亭

わいてい

御前崎市　map：P78 E-5

☎0537-85-1774
住 御前崎市合戸1811-1
営 ランチ11:30〜13:30（13:00LO）
　ディナー17:30〜22:00（21:00LO）
席 カウンター8席、座敷20席
休 月曜
P 10台
※PayPay可

お店から一言

1年を通して野菜を栽培・収穫し、料理として提供します。今では野菜を育てることも楽しみの一つです（店主・松下夫妻）

店舗2階は店主の趣味で集めたガンダム等がズラリと展示されている

のどかで自然豊かな場所にある洋風の建物。落ち着いた雰囲気でのんびり食事を

蒲郡に吹くイタリアの風 形原温泉観光のお供にも

浜松市街地から車で約1時間の風光明媚な蒲郡の形原温泉。美しい形原漁港大橋を望む位置に建つカルピネットは、地域では数少ない王道イタリアンを楽しめる店として女性客を中心に人気を集めている。この道47年のシェフがほれ込んだ、イタリア直輸入モデナ産の10年物のバルサミコ酢は、甘みとまろやかさが特徴で、酢が苦手な人にも好評。同じくイタリア直輸入のワインもシェフセレクトで地区ナンバーワンを自負する。この味を求めて行く価値のある店。

お店から一言

海辺のイタリアンで、まったりした時間をお過ごしください。ディナー時のワインの品ぞろえも自信ありですよ(オーナーシェフ・早崎さん)

「Bランチのセット品 前菜の盛り合わせ」サーモン、カプレーゼなど前菜がつくBランチは2000円～

白基調のあか抜けた外観が目印。昼夜問わず幅広い客層から人気

内装も白が基調。海が見える窓際にテーブル、キッチン側にカウンターがある

日替わりスパゲッティと、人気のミラノ風カツレツもつく「Aランチ」1800円～

カルピネット

蒲郡市 map：P79 D-5

☎0533-57-5123
住 蒲郡市形原町春日浦29-6
営 11:15～14:15LO
17:30～21:30
席 テーブル25席、カウンター5席
個室10席
休 水曜
P 20台
※PayPay、au PAY可

ベースは4種類の自家製パスタソース

27年の歴史を誇り、30種類以上のスパゲッティで知られる人気店。長年研究を重ね、今なお進化を続ける自家製ソース(トマト、クリーム、ガーリックオイル、オリジナル)が特徴だ。アルデンテにゆで上げられる麺は普通(1・7mm)か細麺(1・4mm)を好みで選べる。具材やサラダに使用する自家菜園野菜も好評。

イタリア産トマトソースを堪能する「チーズとトマトのスパゲティ」1180円

お店から一言
中華風、イカスミなどの変わり種、冬季限定の浜名湖産牡蠣「プリ丸」を使ったスパゲッティもおすすめです!(オーナーシェフ・小原さん)

生地からソースまですべて手作りのピッツァ「パパガロ」1330円(Lサイズ)

パパガロ

湖西市　map:P75 B-6

☎053-594-4826
住 湖西市新居町中之郷1977-6
営 11:00〜14:30LO
17:00〜21:00LO
※土日11:00〜15:00LO
17:00〜21:00LO
席 テーブル40席
休 木曜、第3水曜休
P 共同P60台

山小屋風の店内にゆったり落ち着けるテーブル席がズラリ。高い天井も特徴的

ぬくもりある赤レンガ造りの建物。ランチはサラダ・ドリンク付きで896円〜

30種を超える豊富なパスタ あんかけスパも人気

アットホームな雰囲気の湖西の人気店が2020年にリニューアルし、パスタを主力としたメニューを大幅に増強。オーダーが入ってからゆで上げる1・8mmの太麺パスタは、定番メニューから季節限定まで、常時30種ほどのバリエーションを誇り、名古屋めしのあんかけスパも湖西にいながら楽しめる。

「おすすめパスタセット」選べるパスタにパン、サラダ、ドリンクバー等付き 1500円

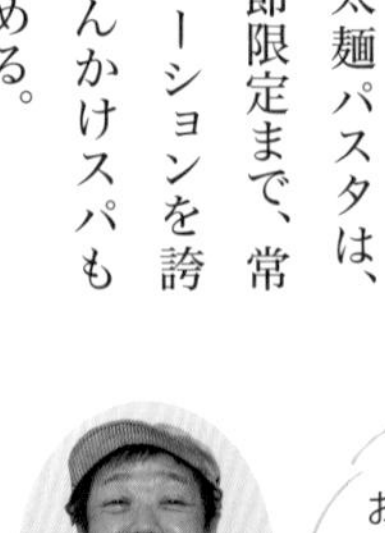

お店から一言
お仕事途中のお昼から、ファミリーの方までおいしいパスタでお待ちしています。全メニューテイクアウトOK、電話注文も可(店長・今川さん)

「チーズ焼きスパゲッティ」1000円
チリソースに絡めてオーブンで焼き上げる

チェスティーノ 湖西店

チェスティーノ　こさいてん

湖西市　map:P75 A-5

☎053-575-0339
住 湖西市鷲津454-20
営 ランチ月〜金11:00〜15:00 (LO14:00)
ランチ土・日・祝11:00〜16:00 (LO15:00)
ディナー17:00〜21:30(LO20:30)
席 テーブル60席　うち個室1室10席
休 不定休　P 15台
※PayPay可

鷲津駅そば、イタリアンな配色の看板が目印

明るく広い店内で、リーズナブルにたっぷり食べちゃおう

PIZZA

////////////////////////////// ピザ //////////////////////////////

定番から個性が光るものまで
本場に負けない味がズラリ!

「ピザ」は小麦粉と塩、酵母、水を使って生地を作り、手で薄く伸ばしてソースや具を乗せ、焼き上げたもの。大きく分けてナポリ風とローマ風があり、ナポリ風は縁が厚くてもっちりした生地が特徴です。一方、ローマ風は生地全体が薄く、軽やかでクリスピーな食感が楽しめます。

トマトソースとモッツァレラチーズ、バジルを乗せた「マルゲリータ」などの定番から、サラダ感覚やデザート感覚で食べられるもの、さらには、具材を生地で包んで焼き上げる変化系まで、ピザの種類は多種多様。

香ばしさを漂わせながら運ばれる、こんがりと焼き色のついたアツアツピザを前にすれば、誰もが顔をほころばせること間違いなしです。

石窯焼きの醍醐味が味わえる店

本格的な石窯を使って高温で一気に焼き上げる、外はカリッ、中はモチっとした出来立てアツアツのピサを食べたいときに。

薪窯で焼き立てを味わえば喜びも倍増

店名の「ドッピオ」とは、イタリア語で2倍、2重の意味。「お客様に期待以上のものを提供し、喜んでもらえるように」という店主の思いが込められる。オーダーを受けてから店内の薪窯で熱々に焼き上げるピッツァが自慢のメニュー。高温のドームで焼くため、素材のうま味と水分を逃さず、サクサク、モチモチに仕上がる。店主セレクトのワインを片手に、地物や自家栽培野菜を使ったタパスをつまみながらピッツァを待つのは至高の時間。

「半熟たまごと照り焼きチキンのピッツァ」夜単品1600円、サラダ・ドリンク付ランチ 1700円

お店から一言

メイン写真のピッツァは、僕が食べたくてメニューにしちゃったものです。半熟たまごを崩して食べる瞬間がたまりませんよ（オーナーシェフ・鈴木さん）

その日のイチオシメニューが並ぶ店内の黒板メニューに注目

住宅街の隠れ家的スポット、地元に愛される名店

チーズを包んで焼き上げる「リコッタチーズと生ハムのカルツォーネ」1500円

トラットリア
ドッピオ Trattoria doppio
ドッピオ

浜松市中区 map:P72 E-5

☎ 053-460-9566
住 浜松市中区早出町1213-9
営 11:30～14:00LO
18:00～20:30
(夜は土日祝のみ)
席 テーブル14席 カウンター4席
休 水曜、第2火曜
P 7台

10年かけて創り上げた生地の秀逸な味わい

創業23年。ピザの本場イタリア開催の世界ピザ選手権に連続出場した実績を持つ。その経験で培った技術をもとに独自のピザ作りを進化させ、10年かけて現在の味を創り上げた。地元食材を積極的に使っているのも特徴。イタリア直輸入の石窯も理由があり「本場の窯職人が経験で作り上げるため、まねできない。窯の放物線の形状などは、味わいにも影響する」と話す。生地は厚みのあるナポリタイプと薄くてサクサクのミラノタイプから選べる。

お店から一言

当店はソースも手作り。感謝の心を持ち、体にやさしくておいしい料理で楽しんでもらえるよう励んでいます。（ピッツァイオーロ・馬立さん）

Marisa 浜名湖

マリーザ はまなこ

浜松市北区　map：P75 D-3

☎ 053-523-2123
住 浜松市北区細江町中川5386
営 ランチ平日11:00～15:30（15:00LO）
土日祝11:00～15:00（14:30LO）
ディナー17:30～21:00（20:30LO）
席 テーブル45席、カウンター4席
休 なし　P 20台
※PayPay、auPAY可

「三方原ポテトとベーコンのジェノバソース（ナポリタイプ）」1580円

人気No.1の「マルゲリータ モッツァレラ（ナポリタイプ）」1680円

建物はイタリアの田舎の趣。全メニューフリードリンク、スープ、サラダ付

テラス席は犬同伴OK。インナーテラスもあり開放感あふれる空間が心地よい

シンプルでくつろげる店内。キッチンにある石窯の様子が見えるのも楽しい

イタリア語で「広場」を意味する店名のように、憩いの広場的な存在の店

定番「マルゲリータ・モッツァレッラ（ナポリタイプ）」1600円

職人によるローマとナポリの2刀流ピザ

世界ピザ選手権に7回もの出場経験を持つピザ職人の店。イタリア産石窯で焼き上げるピザは小麦のうま味を味わえる薄い生地のローマ流と、縁も柔らかめに仕立てたもちもち系ナポリ流から選べる。具材は地元の養豚場から仕入れる豚肉や地元産野菜などフレッシュなものばかり。ピザは13種類1200円～、パスタは12種類1000円～。価格にはすべてフリードリンク、フリースープ、サラダ1皿付き。シックな色使いの店内でゆっくり食事が楽しめる。

お店から一言
自分が本当に食べたいピザを焼き上げたくて店を開きました。熱々のうちにぜひお召し上がりください（店主・和田さん（中央）とスタッフ）

piazza
天浜線金指駅石窯焼ピザ

ピアッツァ

浜松市北区 map：P74 E-2

☎ 053-542-2200
住 浜松市北区引佐町金指1033-2
営 11:00～14:00(LO)
17:30～20:00(LO)
※ピザ生地が無くなり次第終了
席 テーブル24席
休 火曜、第1・3水曜
※不定休あり。ホームページ参照
P 12台（金指駅共用）

細麺の「ハーブシュリンプとホタテのトマトクリーム」1800円

マルゲリータのうまさが全てを物語るピザ

都内屈指の名店で修業した有吉店主の手掛けるピザは、生地・ソースはもちろん、蓄熱性に優れた日本製の特注窯や地場の薪を使用することにもこだわる。450度の高温で焼くピザは、「生地で味が決まると言っても過言ではない」と店主。チーズはナポリの工場へ赴くなど、仕入れにも力を入れる。ポモドリーニのトマトソースにバジルとモッツァレラのシンプルな組み合わせのマルゲリータは、一番人気も納得の味。

お店から一言
ピッツァは熱いうちに食べるのが一番! 出来立てをぜひ(店主・有吉さん)

ピザ窯で焼く彩り豊かな人気サイドメニュー「磐田野菜の窯焼き」1000円

ピッツェリア ウーノウーノ

磐田市 map:P76 G-2

☎ 0538-39-1411
住 磐田市富士見台1-1
営 ランチ11:00〜14:00
(13:30LO)
※ランチは土日祝のみ営業
ディナー18:00〜22:00
土日祝17:00〜
(共通21:00LO)
席 テーブル24席、カウンター2席
休 火曜、水曜　P 6台
※電子マネー可

CARD

一番人気のピザ。モッチリ食感の王道「マルゲリータ」1100円

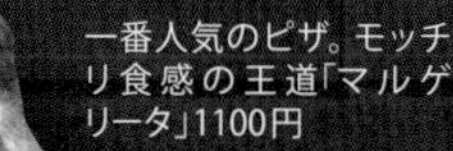

日本を代表するピザ窯職人が手掛けた蓄熱作用に優れた窯がある店内

PIZZERIA UNO UNO

オレンジ色の外壁の風合いは磐田にいながらナポリを感じさせる

モッツアレラ、チェダー、ゴルゴンゾーラなど4種類のチーズがぜいたくな「4formaggi（クアットロフォルマッジ）」1814円

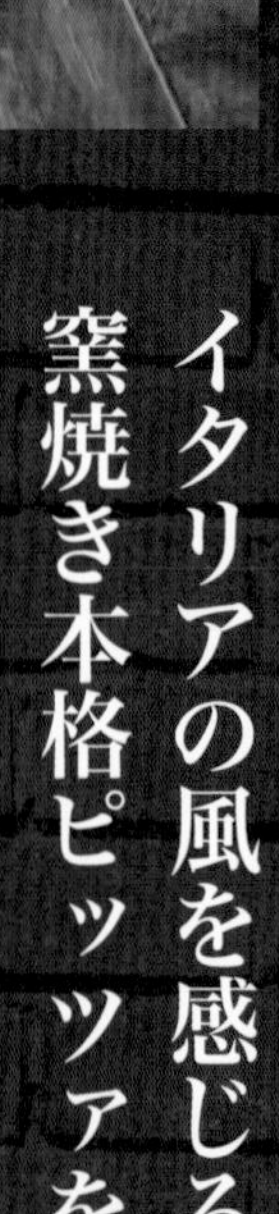

イタリアの風を感じる窯焼き本格ピッツァを

パチパチと燃え盛る高温の薪窯で熟練職人が一気に焼き上げる本格ナポリピッツァが大人気。外はカリッと中はふっくらとした厚めの生地だが、油を使わず作っているので、見た目ほどの重さはなくぺろりと食べられる。チーズや生ハム、オイルなどイタリアから取り寄せた食材を使いつつ、日本人の舌に合うようアレンジした味わいは親しみやすいと好評だ。絵本の世界へ迷い込んだような非日常空間がより気分を盛り上げてくれそう。ゆったりと味わってみて。

お店から一言

毎日仕込む生地を注文ごとに伸ばし300～400℃の薪窯で焼き上げます。本場のナポリピッツァをお楽しみください（オーナー・川瀬さん）

ぬくもりあふれる雰囲気の中、庭を眺めながら至福の時

可睡の杜の緑に包まれたおしゃれな外観

シーフードがごろごろ、食べごたえ十分の「ペスカトーレ」1922円

Fiorentina

フィオレンティーナ

袋井市　map：P77 B-1

☎ 0538-44-1117
住 袋井市久能2871-1
営 11:00～15:00（14:30LO）
17:30～22:00（21:00LO）
席 テーブル40席
休 火曜（祝日の場合は翌日休み）
P 30台
※PayPay可

CARD

渥美半島の突端で味わう自家製石窯の熱々ピッツァ

渥美半島の突端の伊良湖岬・恋路ヶ浜に建つ、ビーチハウス風カフェ。店内の石窯で焼き上げるナポリスタイルのピッツァと、バンズも手作りのハンバーガーが自慢。野菜は地元農家から仕入れ、酵母は天然酵母を使うなど、素材にもこだわりを見せる。ビーチに出られるテラス席はサマーシーズンにピッタリ。サーファーのみならず、海を愛する人にはたまらない空間。

お店から一言
浜松地区からもドライブがてらぜひどうぞ、ピッツァとバーガー類はテイクアウトもOK！ビーチでも楽しんでくださいね（マスター・清水さん）

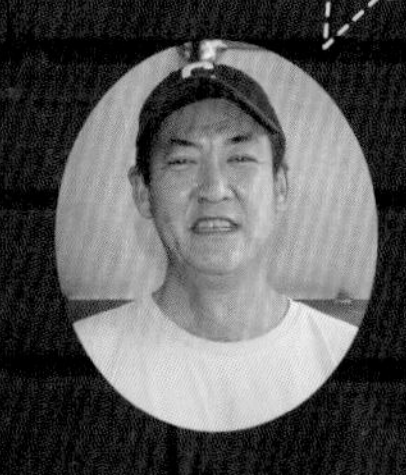

国産牛肉100%のパティとの相性抜群の手作りバンズ「チーズバーガー」1375円

南国風味でリラックスできる店内は、マスター自身がリノベーションしたもの

昨年からキッズ用遊具も新たに設置され、ファミリーにも人気

Shammy's cafe -Beach of Love road-

シャミーズカフェ　ビーチ オブ ラブロード

田原市　map：P79 C-6

☎ 080-6917-6141
住 田原市伊良湖町古山2814-4
営 11:00～sunset
席 テーブル40席
休 水・木曜
P 共用　恋路ヶ浜駐車場へ
※PayPay可

ルッコラは無農薬農家で特別栽培「生ハムとルッコラのマルゲリータ」2255円

思わず笑みがこぼれる店

定番のものから、つくり手の思いや想像力が発揮されたものまで、それぞれのお店ならではの自慢の味を楽しみたいときに。

カラメルを焼きゴテで仕上げるバリバリ食感の「カタラーナ」430円

赤い屋根が愛らしい。フィンランドから輸入した本格ログハウス

木のぬくもりに包まれた店内。シェフお手製のランプシェードなど心安らぐ空間

ハラペーニョのさわやかな刺激「スパイシーミート」1480円

お店から一言
ピザは味はもちろん、ビジュアルも好き。立体的な彫刻のようでもあり、一枚一枚焼き上げるのが楽しいです(オーナーシェフ・岡本さん)

軽くてもっちりナポリ風の絵になるピザ

ピザの魅力に取りつかれて脱サラし、店をオープンしたのが28年前。朝8時半から深夜3時まで厨房にいても「好きだから」と笑顔で話すシェフ。曜日や時間によってメニューは異なるが、ピザのバリエーションは約20種類。高温の窯で短時間で焼き上げるピザ生地は、もっちり軽めのナポリスタイル。「ピザはデザイン的にも美しい。具材と焼き目がそれぞれ違って絵になるよね」。このほか自家菜園で採れるスイカや無農薬のミントのジェラートも季節のお楽しみ。

PIZZA GARLIC
ピザ ガーリック

浜松市西区 map：P73 A-6

☎053-482-0052
住 浜松市西区神ヶ谷町8865-1
営 11:30～14:30(LO)
※土曜、祝日は
17:30～21:00(LO)
席 30席
休 日曜、土曜・祝日のディナー
P 11台

厚さが選べる薪窯ピザで心地よい満腹感へ

納得の味を求めて探究を重ねた生地は、イタリア有名メーカーの小麦粉をベースに独自の配合でブレンドし、季節やその日の室温にも気を配って発酵させる。約450度の薪窯で一気に焼き上げるピザは13種類。ふっくら厚生地のナポリ、サクサク薄生地のミラノ、最薄でパリッとした歯応えのローマと3タイプから厚さが選べる。化学調味料や保存料などを使わないのもこだわり。自然のうま味を生かした飾らないおいしさが心地よい満腹感へと誘う。

お店から一言

自信を持って提供するこだわりがつまったピザです。厚さもメニューも多彩なのでいろいろ楽しんでください（店長・斎藤さん）

Marisa Due

マリーザ ドゥエ

浜松市東区 map：P72 F-2

☎053-435-6880
住 浜松市東区有玉北町765-1
営 ランチ11:00～15:00（14:30LO）
ディナー17:30～21:00（20:30LO）
席 テーブル70席
休 月曜　P 29台
※PayPay可

CARD

広々した空間でゆったり過ごせる。ファミリーからカップルまで客層は幅広い

フリードリンク、自家製スープ、サラダ付き。お得なランチセットも用意する

酒のお供に。アンチョビをのせた「ナポレターナ（ミラノタイプ）」1298円

とろりとした半熟卵がたまらない「ビスマルク（ナポリタイプ）」1518円

旬の魚介とボリューム満点の大衆イタリアン

ホテルでシェフの経験を持つ松下シェフが、父が営む鮮魚店の一角を改装し、2014年にバラクーダをオープン。男性一人でも気軽に入って、おなかいっぱい食べられるイタリアンをコンセプトに、味はもちろんボリュームも大事にする。ピザは常時13種類＋旬のピザ3種類があり、どれも具だくさんで満足度が高い。実家から仕入れた新鮮な魚介を使う料理がおすすめで、彩り華やかな旬の魚介系イタリアンが豊富にそろう。

お店から一言
たくさんのお客様に楽しい食事のひとときが提供できるよう、家族でお店を盛り上げます(シェフ・松下さん)

白黒のモノトーンを基調に雑貨や植物がセンス良く飾りつけられた店内は楽しげな雰囲気

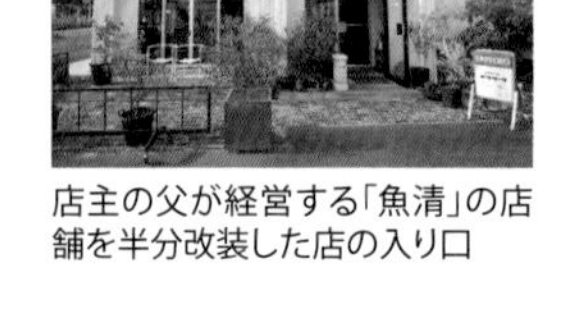

店主の父が経営する「魚清」の店舗を半分改装した店の入り口

ボリューム満点でプリプリのエビが入る「海老のペペロンチーノ」2530円

TRATTORIA Barracuda

トラットリア バラクーダ

菊川市　map：P79 B-2

☎0537-73-5510
住 菊川市高橋4671
営 ランチ11:30～14:00LO
ディナー17:00～21:00LO
席 テーブル25席、カウンター8席
休 月曜
P 10台

CARD

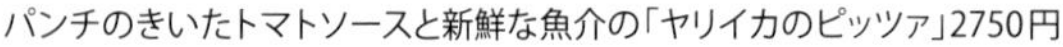

パンチのきいたトマトソースと新鮮な魚介の「ヤリイカのピッツァ」2750円

スイーツ女子会にぴったりな新メニュー「アフタヌーンティー」1980円（要予約）

浜松市内にある鴨江店と板屋町店のほか、2020年には藤枝店がオープンした

異国情緒あふれる空間でイタリアンタイム！オープンテラスも人気

濃厚な味わいがクセになる「トマトとバジルのクリームピッツァ」1380円

定番からオリジナルまで6種類から選んで

エキゾチックな空間とメインやドルチェを選べるバラエティ豊かなコースが人気。テイクアウトにも対応したピッツァは、定番からオリジナルまで常時6種類をそろえる。500℃の専用ピザ窯で一気に焼き上げるナポリ風生地の上に、地元野菜や厳選した旬の食材をたっぷり使用する。特に、もっちりとした食感と味わいある香ばしさが広がる生地は「冷めてもおいしい」と評判。ランチコース1500円〜、ディナーコース2500円〜で味わってみて。

お店から一言

“イタリアンへのこだわりと情熱”で完成した、La FESTaオリジナルの味わいをご堪能ください（代表・松本さん）

La FESTa 鴨江店

ラフェスタ かもえてん

浜松市中区 map：P71 C-2

☎053-451-3306
住 浜松市中区鴨江3-11-3
営 11:30〜15:00（14:30LO）
17:30〜23:00（22:00LO）
席 テーブル35席、ソファ20席、テラス15席
休 無休
P P20台（第2Pあり）

ナチュラル空間でいただく夜限定ピッツァ

大人の女性をターゲットに、おいしいイタリアンとくつろぎの時間を提供。白壁のナチュラルな佇まいと高天井の開放感、欧風アンティーク家具に囲まれながら、旬の食材を使ったコース料理を堪能する。パスタとともに人気の高いピッツァはディナー限定メニュー。パリッとした食感のローマタイプの生地に、北区・まるたか農園のトマトをはじめとする地元の旬食材がたっぷりと盛り込まれる。黒板に書かれた「本日のピッツァ」から好みを選んで。

お店から一言

ニンニク不使用のパスタ、SNS映えする盛り付けなど、女性目線に立った繊細なサービスに力を入れています（店長・宮津さん）

併設する「STYLE FACTORY」では、アンティーク家具や雑貨を販売

女性やカップルから高い支持を受ける、空間・料理・接客にこだわった店

前菜の盛り合わせ、ドリンク、ドルチェなどが付いたランチコースは1650円〜

RUSTICO

ルスティコ

浜松市東区　map：P72 F-2

☎053-581-9034
住 浜松市東区西ヶ崎町1793
営 11:00〜15:30
（フード14:45LO、ドリンク15:00LO）
17:30〜21:30
（フード・ドリンク21:00LO）
席 テーブル20席、ソファ4席、半個室8席
休 不定休　P 13台

パスタ、ピザ、リゾットから選べるディナーコース「Rosso」1980円

友達と気軽に楽しめるイタリアンカフェ

2005年にイタリアンレストランとして開店し、2018年に店舗はそのまま、よりカジュアルな時間を過ごせるカフェにリニューアル。松浦店主が作るピザは、シンプルな味付けながら、食材やチーズがたっぷり。無農薬野菜を使っており、からだにやさしく、ヘルシーなピザをぜひ。

彩り華やかな「生ハムとサラダのお花畑ピッツァ」(月替わりピザ)1480円

Café カンパーニャ。

カフェ カンパーニャ。

掛川市 map:P77 C-4

☎0537-27-1140
住 掛川市逆川321-1
営 11:00～17:00(16:00LO)
※現在はコロナで11:00～15:00(14:00LO)
席 テーブル28席 休 月曜 P 10台
※PayPay可

席の間隔が広く、ゆったりした店内。落ち着いた静かな雰囲気が心地良い

南欧風のかわいらしい雰囲気の外観

お店から一言

野菜や卵など食材は地場産にこだわってます。自家製スイーツは常連さんから好評です。(店主・松浦さん)

「やわらかチキンステーキフルーツソース(ブルーベリー)」1180円

試行錯誤から生まれたオリジナルの味わい

元消防士の店主が営むピザ店は「おいしく、できる限りリーズナブルに」がモットー。低温長時間発酵で素材のうま味を引き出す生地は、香ばしくもっちり。粉の配合から練り方まで試行錯誤を重ねて作り上げたオリジナルの味わいだ。舞阪漁港のシラスをはじめ、地元食材を使ったメニューも提供。

濃厚な風味と食感を堪能できる「エビとオマールソース」Sサイズ1050円

ピッツァ なお

浜松市中区 map:P73 C-6

☎053-523-6335
住 浜松市中区和地山1-7-18
チサンマンション和地山1F
営 ランチ11:00～15:00(14:30LO)
ディナー17:00～21:00(20:30LO)
席 テーブル12席、カウンター5席
休 火曜・第2水曜 P 2台
※PayPay、au PAY可

店内はカフェのような雰囲気。一人で気軽に立ち寄れるカウンター席もあり

静岡大学近く。日曜は竜洋海洋公園オートキャンプ場で朝食ピザも提供する

お店から一言

ピザは約20種類。そのほかバーガーやローストビーフ丼などもあります。ぜひお気軽に立ち寄ってください(店主・鈴木さん)

おやつ感覚で楽しめるデザートピザにも注目。「生チョコナッツ」1100円

磐田のピザの老舗的存在 パリパリ食感が心地よい

今年で開店30年のカジュアルなイタリアン。「若い頃からよく通っている」という主婦やファミリーも多く、地元で人気の老舗だ。薄い生地を高温で一気にパリパリに焼き上げるピザは、オープン以来の看板メニュー。生地の風味と、たっぷり乗ったトッピングは相性抜群。パスタはモチモチの生パスタを提供。デザートのように楽しめるフォカッチャもオープンからのおなじみのメニューで、変わらぬ味が楽しめる。

「デザートフォカッチャ」528円 熱々のフォカッチャの上に冷たいバニラアイス

ウッディで落ち着いた店内が、青春の思い出という方も多い

地元を中心にカップル・家族連れ・男性一人と、客層は幅広い

マドンナ ポモドーロ

磐田市　map：P76 G-3

☎0538-21-2810
住 磐田市今之浦1-1-5
営 11:00~15:00(LO14:30)
17:00~20:30(LO20:00)
席 テーブル25席、カウンター9席
休 水・木曜の夜　P 23台
※PayPay可

お店から一言

メニューのパスタはすべてペンネに変更できますよ。ペンネも生でモチモチです。テイクアウトも人気です（マスター・後藤さん）

塩味がきいたシラスが◎「シラスと大葉のピザ」単品1078円　サラダドリンクセット+440円

多彩なアレンジが楽しめる店

和風やエスニック風など、イタリアンの形式にとらわれず、シェフの工夫やアレンジでいろいろな味わいを満喫したいときに。

ワインとの相性も抜群の本格派ピザを気軽に

イタリアン&スパニッシュのほか、フランスやドイツなどの洋食料理も手軽に味わえる洋食酒場。本格派ピザはレギュラー7種類、季節のピザ2種類がそろい、本場イタリア産の材料で作る自家製の生地やソースに、地場産野菜などを合わせて焼き上げる。ワインなどのアルコールとの相性も抜群で、軽く食べられる薄めの生地もうれしい。ランチはピザとハンバーガーのみの提供で、肉汁あふれる黒毛和牛パティの食欲そそる香りがたまらない。

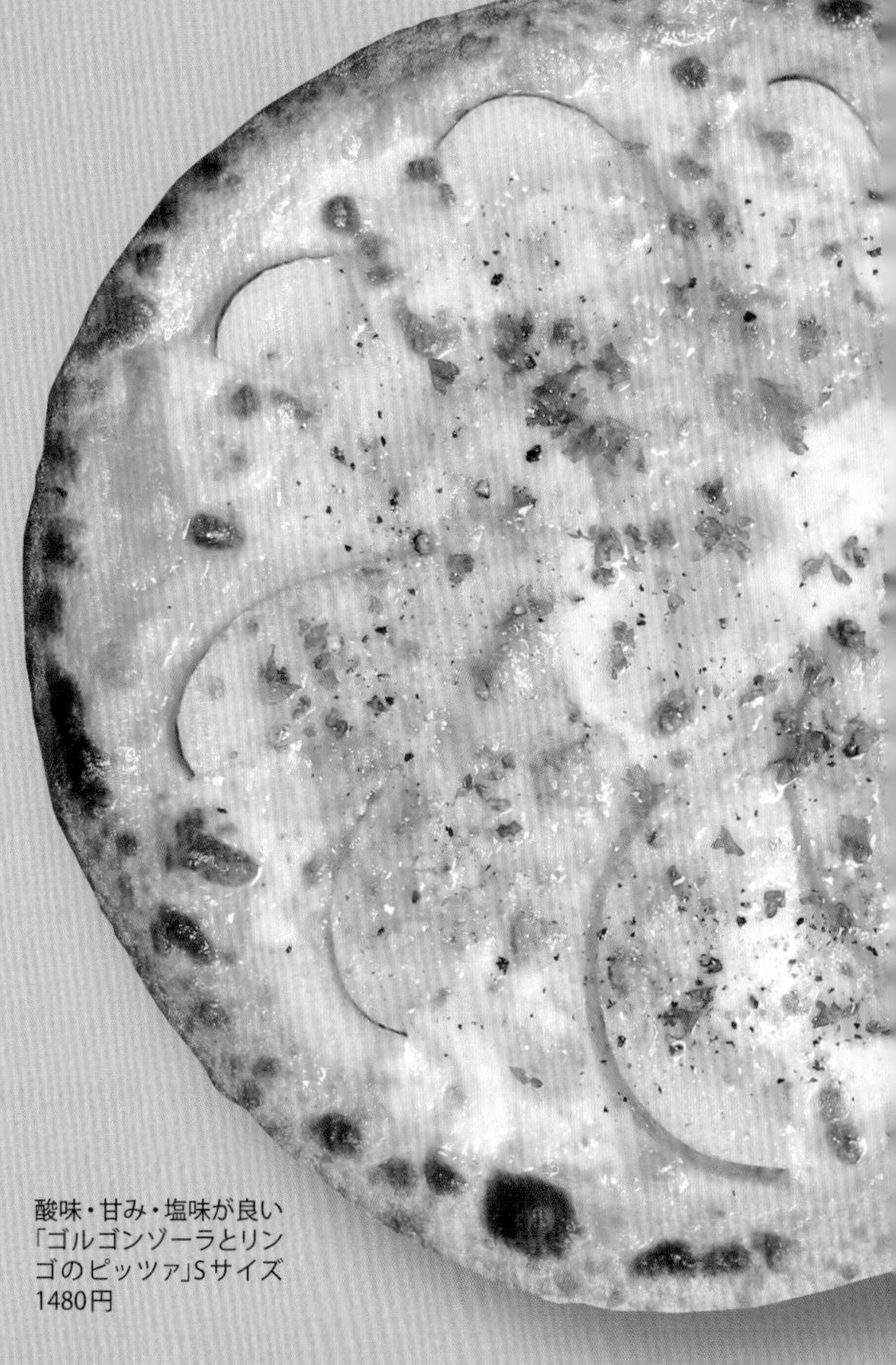

酸味・甘み・塩味が良い「ゴルゴンゾーラとリンゴのピッツァ」Sサイズ1480円

お店から一言
手作りにこだわり、オズにしかない味を最大限引き出してます。本格ピザを気軽に味わってください（店主・赤堀さん）

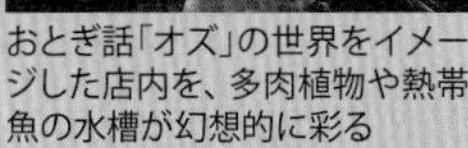

おとぎ話「オズ」の世界をイメージした店内を、多肉植物や熱帯魚の水槽が幻想的に彩る

店主自ら塗り替えをした、ホワイトを基調とした明るいイメージの外観

パティもほほ肉も黒毛和牛100%「牛ほほ肉の赤ワイン煮込みバーガー」1760円

洋食酒場 OZ
ようしょくさかば オズ

掛川市　map：P77 A-4

☎0537-24-0808
住 掛川市中町2-1
営 ランチ11:30〜14:00（13:30LO）
ディナー17:00〜23:00（22:00LO）
席 テーブル16席、カウンター8席
休 月曜、火曜ランチ
※電子マネー可

広々とした空間にはソファーシートもあり、くつろぎの時間を過ごせる

晴れた日はテラス席でほっこりランチも最適

トルティーヤを２枚重ねた生地にツナマヨソース「No.iE ピッツァ」1100円

くつろぎカフェで食感最高のトルティーヤピザを

地元に根付くカフェを目指し、満足度の高いメニューはもちろん、親しみやすい接客も心掛ける。ピザに用いる生地はトルティーヤ。コルニチョーネ（縁）はパリパリに、中はもちっとした食感で一度食べたらクセになる。料理に使用する食材は地場産を積極的に取り入れ、安心安全にも気を使う。「今後は、女性やファミリー層がもっと利用しやすいようなメニューも増やしていく」と店主。14時以降はスイーツとドリンク中心のカフェメニューも楽しめる。

肉厚で肉汁があふれる「No.iEバーガー（フライドポテト付き）」1320円

お店から一言

笑顔でお客様をお出迎えし、居心地の良い空間を楽しめる接客を常に心掛けています（スタッフ・木野さん）

CAFÉ No.iE

カフェノイエ

袋井市　map：P77 D-3

☎0538-44-7100
住 袋井市愛野南1-2-14
営 ランチ
10:30～15:00 ※月曜のみ
10:30～22:00(21:00LO)
金土は～24:00(23:00LO)
席 テーブル53席、カウンター7席
休 火曜　P 28台
※PayPay、メルペイ可

選べるメイン料理は「チキンのアラビアータ」をはじめ常時15種類を用意

西区・入野店と2店舗を展開。注文するならセットメニューが断然お得!

「フィリップ・スタルク」のチェアなど、おしゃれな空間インテリアも見もの

ピザデリバリーは、マルゲリータなど定番3種と季節のピザが食べ放題!

お店から一言

当店のピザはナポリタイプ。甘みのあるモチモチ食感の生地と具材のハーモニーをお楽しみください♪(店長・久米さん)

石窯焼きの本格ピザを好きなだけ堪能

4種類の出来立てピザを好きなだけ楽しめる、セットメニュー内の「ピザデリバリー」が話題。発酵から手伸ばしまで一枚一枚丁寧に仕込むオリジナル生地を、地元食材を中心とした具材とともに専用の石窯で一気に焼き上げる。「Mポエセット」1425円なら、パスタやリゾット、オムライスから選べるメイン料理に、ピザデリバリー、デザート、サラダ、ドリンクバー付きという至れり尽くせりの内容。テイクアウトピザも人気だ。

イタリアンダイニング＆カフェ

poeta 小池店

ポエータ こいけてん

浜松市東区 map:P72 F-4

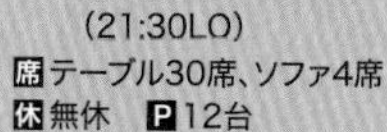

☎053-435-6278
住 浜松市東区小池町75
営 11:00～15:00(14:30LO)
17:30～21:30(21:00LO)
※土日祝前日～22:00
(21:30LO)
席 テーブル30席、ソファ4席
休 無休 P 12台

ブラジルならではの素材も魅力の手作りピザ

50種以上あるピザの中でも、自家製ソーセージやタケノコに似たヤシの芽などブラジル食材を使った特製ピザが人気を集めている。「美しき生地」という意味の店名の通り、生地にもこだわっていて、厚すぎず薄すぎずの程よいボリューム感と軽やかな食感は、手作りの具材やソースとも好相性だ。

「ベラ・マッサオリジナル×バウルスペシャルのハーフ&ハーフ」。Lサイズ3400円

ミニサイズの「エスフィハ」250円～はおやつにぴったり

Pizza&Gelato
Bella Massa
ピッツア&ジェラート　ベラマッサ

袋井市　map:P77 B-3

☎0538-43-4160
住 袋井市山名町3-8
営 15:00～22:00(21:30LO)
土日11:00～22:00(21:30LO)
席 テーブル80席、テラス席もあり
休 火曜　P 100台
※PayPay可
※配達サービスは+500円
要問い合わせ

地元野菜が並ぶ「とれたて食楽部」に併設された食彩館内にある

天気のいい日にはテラス席もおすすめ

お店から一言
ブラジル食材を使ったものからマルゲリータなど定番ピザまで手作りしています。ブラジル×イタリアのフュージョンをどうぞ（オーナー・中村さん）

和モダンな空間でピザのパリパリ食感を

和食出身のシェフが手がける店。ぜいたくなコースやカジュアルに楽しめるセットなど多彩なメニューを落ち着いた空間で味わえる。ピザは4種類。クリスピータイプの生地は仕上げにイタリア産小麦粉をまぶすことで、よりパリパリした食感に仕上げる。サイズは約23cmとやや小さめで食べやすい。

野菜たっぷり、生地もサクサク「地中海野菜のトマトピッツァ」990円

前菜、ドリンク付。「リゾットランチ」1680円～、「パスタランチ」1680円～

和空間イタリアン
梨乃庵-RINOAN-
りのあん

浜松市中区　map:P72 E-5

☎053-472-7789
住 浜松市中区曳馬6-13-25
営 ランチ11:00～14:30
(14:00LO)
席 座敷6席、個室10席
休 月曜　P 12台
※PayPay、auPAY、d払い可

町家のような風情ある空間。個室もあり、少人数のランチに最適

オープン7年目のイタリアンで女性ファン多数。営業はランチタイムのみ

お店から一言
ピザは「4種のチーズピッツァ」「マルゲリータ」も人気。リゾットにもこだわっていて種類も充実しています（オーナーシェフ・佐々木さん）

本物のログハウスカフェで食べる手作りピザ

1990年に創業し、本格ログハウスのカフェを夫婦で切り盛りする。木のぬくもりに囲まれた店内の雰囲気は居心地が抜群。メニューはどれも手作りのおいしさにこだわる。ピザは注文ごとに生地を伸ばして焼いているため、熱々のうちに召し上がるのがおすすめ。出来立てのおいしさを家族や友達と味わいながら、のんびりとしたログハウスのカフェ時間を楽しんでほしい。

お店から一言
本物のログハウスならではの雰囲気をたくさんのお客様と共有できればと思います（オーナー・小倉さん夫妻）

ログカフェ
MR.PAPA
ミスターパパ

掛川市　map：P77 C-6

☎0537-24-8483
住 掛川市子隣283-45
営 11:00～21:00(20:30LO)
水曜は11:00～14:30
(14:00LO)
席 テーブル22席、カウンター3席
休 木曜、水曜午後　P 11台
※PayPay可

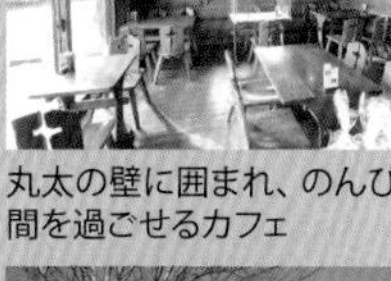
丸太の壁に囲まれ、のんびりと時間を過ごせるカフェ

アメリカの田舎を思わせる雰囲気が心落ち着く本格ログハウスのカフェ

ボリューム満点のアメリカンサンドイッチ「B.L.T.E」1100円

国産小麦を使用し、少し甘めの生地の「しそトマトベーコンピザ」890円

ドライブがてら寄りたい店

郊外へのドライブついでに気軽に立ち寄りたい、あるいは、そのお店を目的地にプチ旅行気分を味わいたい、そんなときに。

自然広がる神社の門前横丁で味わうピザ

創業140年以上の老舗製茶問屋ヤマチョウが運営する小國神社の門前横丁のカフェテリア。神社に訪れる参拝者のお食事処&休憩スポットとしてにぎわう。横丁の和の雰囲気の中で食べる焼きたてピザは、子供からお年寄りまで幅広い世代に愛されるおすすめメニューの一つ。

カレー味のチキンとマヨネーズの意外な組み合わせ「チキンマヨ」650円

ことまち夢小径
ことまちカフェテリア

森町　map:P78 G-1

☎0538-89-7010
住 周智郡森町一宮3956-1
営 9:30〜16:30
（パスタ・ピザは15:30まで）
席 テーブル50席
休 なし　P 小國神社と共通
※PayPay可

門前の脇に広がることまち夢小径は神社参拝の帰りや境内散策の休憩にピッタリ

休憩所でゆっくりカフェタイム

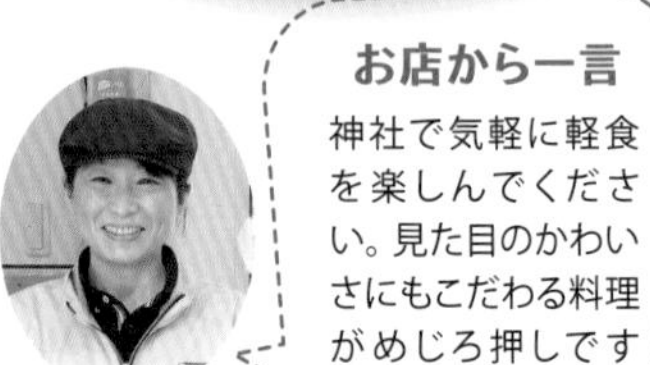

お店から一言
神社で気軽に軽食を楽しんでください。見た目のかわいさにもこだわる料理がめじろ押しです（店長・井口さん）

森のくまさんパフェなど見た目にもかわいらしいパフェは全6種。各800円

奥三河の自然に囲まれ味わう石窯で焼き上げるピッツァ

奥三河観光の玄関口、新城市に2019年にオープン。もとは豊川で15年近く営業してきた人気店で、店内の薪窯で焼くピッツァは北海道産小麦100%をマスター自らブレンドし、ビール酵母で発酵、高温で薄焼きに仕上げる。フチはカリッと、生地はもちもち、豊川時代から多くのファンをとりこにした自慢のピッツァだ。

「ゴルゴンゾーラ」1320円　「ミニ生ハム・サラミ、ドリンクセット」+760円

うま味成分をたっぷり含んだソースが決め手「スカンピのクリームソース」1740円

山の湊のOSTERIA
St. Thomas
セント・トーマス

新城市　map:P79 A-1

☎0536-29-9280
住 新城市大海字黒瀬8-1
営 11:00〜15:00(14:30LO)
17:30〜21:30(21:00LO)
※ピッツァの提供は平日ランチタイムはなし
席 テーブル18席、カウンター5席
休 水曜　P 10台　※PayPay可

お店から一言
ワイン好きにもうれしいメニューも考案していきますよ（マスター・中澤さん）

「ワインのある食卓」という店のコンセプトを体現した店内

新城総合公園にも近く、奥三河観光にもおすすめ

浜松市中区

長坂養蜂場 はちみつスイーツアトリエ

人気養蜂場の2号店が浜松の中心街にオープン

浜名湖畔の人気蜂蜜店が、浜松の中心市街地に登場!長坂養蜂場（浜松市北区三ヶ日町）の持ち帰り専門店「はちみつスイーツアトリエ」が3月8日、浜松市中区神明町のゆりの木通り商店街にオープンした。空き店舗をリノベーションした店内には、看板商品の「はちみつソフトクリーム」をはじめ、同店自慢の蜂蜜を使ったさまざまな商品が勢ぞろい。濃厚生クリームと蜂蜜をぜいたくに使った「ぶんぶんのはちみつプディング」（430円）など、季節限定のオリジナルスイーツも販売中だ。

☎053-456-1183　map▶P74-E4
住 浜松市中区神明町314-6
営 11:00～18:00
休 火曜・水曜
P P無し（付近に有料駐車場あり）
※イートインスペースなし

1 本店では一日に2000個も売れる日もあるという大人気の「はちみつソフトクリーム」 2 季節限定スイーツ第一弾の「ぶんぶんのはちみつプディング」（430円）。オリジナルの容器で贈り物にもおすすめ 3 街中散策の途中でふらりと寄れる持ち帰りスタイルの店舗

浜松市中区

地元食材を使用したみらい型発信カフェスペース

「GOOD LUCK CAFE Produced by GOODDAYS LAB.」

浜松科学館内のカフェがフルリニューアルオープン!

地元生産者や地域住民とのコラボレーションイベントを主催し、地元愛をカタチにしてきたGOODDAYS LAB.の手がけるカフェが浜松科学館みらい～ら内にオープン!地元食材を使ったスムージー、人気ケーキ職人とのコラボレーションケーキなど子供も大人もうれしいスイーツメニューを用意。地元愛が芽生えるメニューを週替わりで展開し、浜松科学館とのイベントも随時開催予定。館内の無料エリアにあり、入場料無しでカフェだけの利用ももちろんOK。屋外遊具ゾーンに面したテラス席も用意しているので、子どもが遊ぶ様子を見守りながら、大人はのんびりと過ごすこともできる。

☎050-5328-0546　map▶P74-H5
住 浜松市中区北寺島町256-3　浜松科学館みらい～ら内
営 11:00～17:00
休 月曜日（祝日の場合は開館）、年末年始（12月29日から1月2日）ほか
P P無し（付近に有料提携駐車場あり）

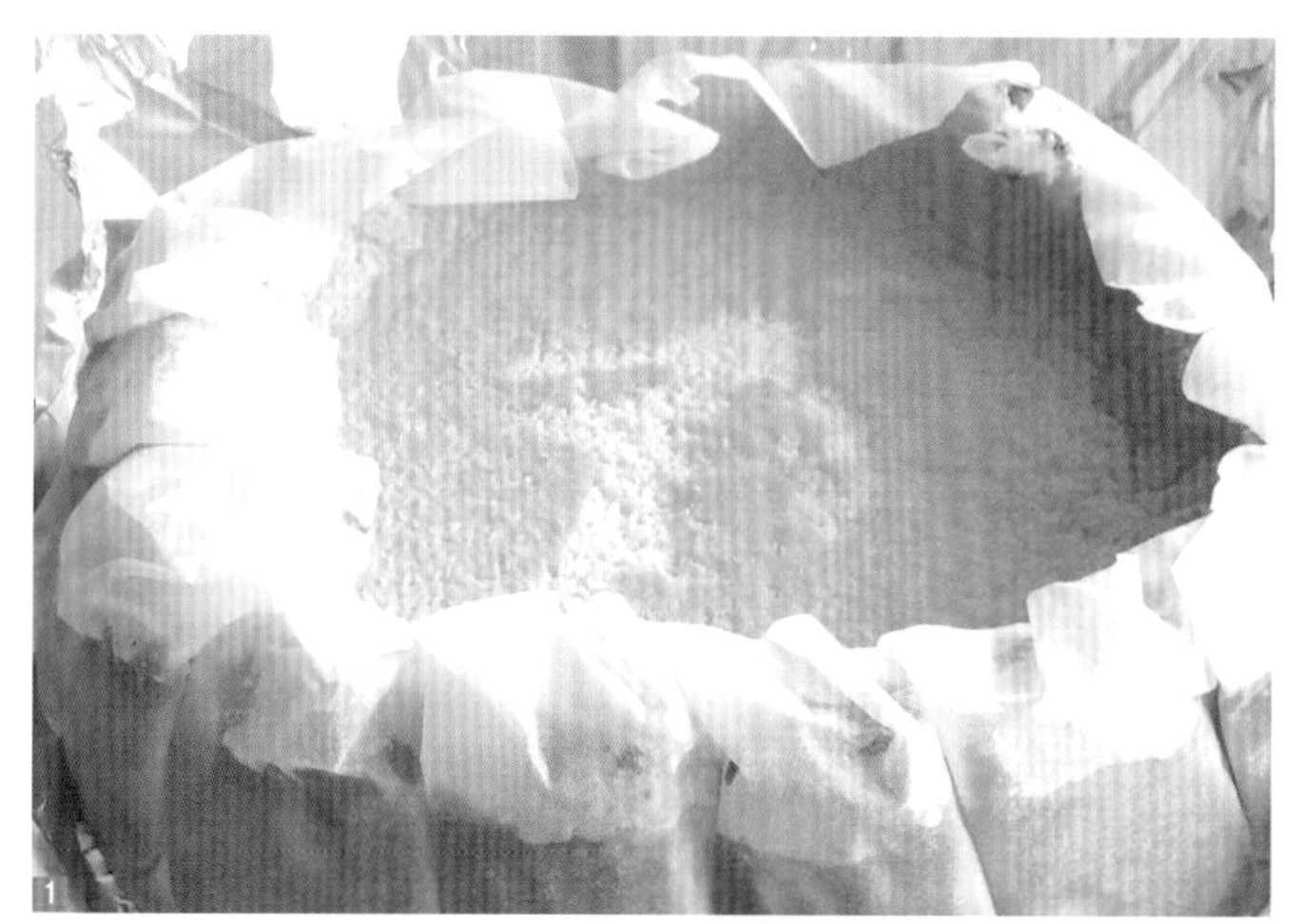

1 口溶け滑らかさっぱり。あんまさんのチーズケーキ 2 地元食材を中心に季節の野菜や果実で作るスムージー 3 本と緑とサイエンスが融合したみらい型空間。広々としたカフェスペースではワークショップなども開催中

人気の絶品スイーツ

静岡新聞社・静岡放送のWebサイト@S［アットエス］から、とっておきのグルメ情報をお届け！サイト内の「@Sグルメ」では、常時14000軒を超える静岡県内の飲食店の情報を掲載しています。今回はその中から、県西部の人気スイーツ店5軒をピックアップして紹介。パスタ＆ピザを楽しんだ後は、甘いスイーツでゆっくり過ごしましょう。

@S［アットエス］は、静岡新聞社・静岡放送が運営するWebサイト。静岡県内ニュースからグルメ、イベント、観光情報まで、地元密着の暮らしに役立つ情報満載でお届けしています。

https://www.at-s.com/gourmet/

お芋専門店 芋福

自然な甘みの焼き芋スイーツ

✆053-526-1020

浜松市北区 MAP/P75-B3

住 浜松市北区三ヶ日町都筑1170-10
営 15:00～18:00（木・金曜のみ、7月～11月頃は休業）
休 土～水曜
P 12台

圧力釜もっちりうどん「福桝屋」の一角に、12月～翌年6月頃の木・金曜限定で営業する焼き芋スイーツ専門店。スチームコンベクションオーブンを使い、低温でじっくりと焼き上げる焼き芋のほか、名物「カリとろ大学芋」や厚切り焼き芋天も販売。サツマイモの自然な甘みを生かした濃厚な味わいが人気を集めている。

ATELIER CHOCOLAT ENTRE

アトリエ ショコラ アントゥル

地元素材を生かしたクラフトチョコ

✆053-488-5090

浜松市中区 MAP/P74-F5

住 浜松市中区肴町317-11
営 11:00～20:00
休 火～木曜
P 提携駐車場あり

最高級のクーベルチュールチョコレートを使い、すべて工房で手作りするクラフトチョコレート専門店。天竜産の厳選抹茶など、静岡県の食材を生かしてチョコの魅力を最大限に引き出している。生チョコレートを挟んだショコラサンドやショコラロールなどもあり、大切な人へのギフトにぴったり。

森のチーズケーキやさん

フルーツとチーズケーキのマリアージュ

✆053-540-1187

浜松市西区 MAP/P75-D4

住 浜松市西区和地町2949
営 11:00～16:00
（土・日曜、祝日は10:00～17:00）
休 木曜
P 100台
バス5台（バスは完全予約制）

浜松・和地町の「ぬくもりの森」内にあるボトルチーズケーキ専門店。カラフルなオリジナルボトルで提供するチーズケーキは防腐剤や合成着色料を使用せず、自社工房で丁寧に手作りする。上層はクリーミーで、下層はプリンのような舌触り。三ヶ日みかんやイチゴなど、県内産のフルーツとチーズのマリアージュが楽しめる。

エクレア専門店 NOBANA

ノバナ

果物たっぷりのデコエクレア

✆090-7692-2414

浜松市中区 MAP/P72-E5

住 浜松市中区上島1-20-20
営 11:00～18:00
（土・日曜は17:00まで）
休 月・火・水曜
P 2台

カラフルでかわいらしいデコレーションエクレアの専門店。料理教室でケーキ作りの講師を務めた店主が、自宅の裏庭に店を構える。エクレアは旬のフルーツが彩りよくトッピングされ、シュー生地の中には香りと風味豊かなバニラをきかせたカスタードクリームがたっぷり。メニューは8種類ほどあり、季節ごとに変わる。

カヌレと焼き菓子の店 comme moi

コムモア

蜜蝋が香ばしいフランス菓子

✆053-543-4930

浜松市中区 MAP/P70-E1

住 浜松市中区八幡町126-8
NEビル1階
営 11:00～16:00
（売り切れ次第終了）
休 土・日・月曜、祝日
※土曜は営業する場合あり
P なし（近くにコインパーキングあり）

外はカリッ、中はしっとりのフランス伝統洋菓子「カヌレ」の専門店。生地の表面を蜜蝋でコーティングし、仕込みに数日をかけることで、独特の食感を生み出している。銅型もフランス製のものを使用。プレーン、ショコラ、紅茶lemon、ピスタチオラズベリー、ピーカンナッツと和三盆など、焼きたての10種類が毎日並ぶ。

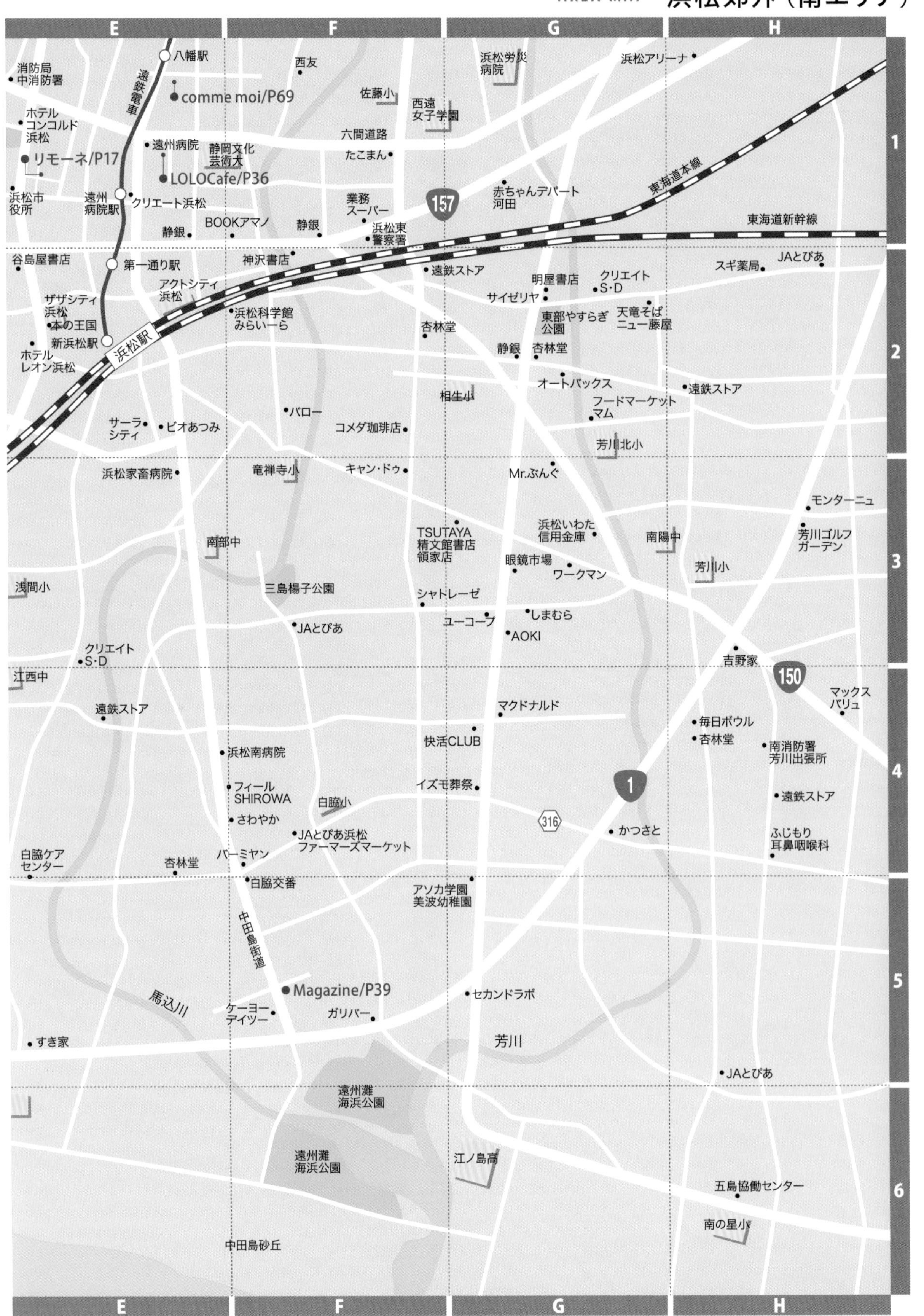

E
F
G
H
1
2
3
4
5
6
八幡駅
遠鉄電車
消防局
中消防署
西友
浜松労災
病院
浜松アリーナ
comme moi/P69
佐藤小
西遠
女子学園
ホテル
コンコルド
浜松
六間道路
遠州病院
静岡文化
芸術大
たこまん
リモーネ/P17
LOLOCafe/P36
東海道本線
赤ちゃんデパート
河田
浜松市
役所
遠州
病院駅
クリエート浜松
業務
スーパー
157
BOOKアマノ
静銀
静銀
浜松東
警察署
東海道新幹線
谷島屋書店
第一通り駅
神沢書店
遠鉄ストア
明屋書店
クリエイト
S・D
スギ薬局
JAとぴあ
アクトシティ
浜松
サイゼリヤ
ザザシティ
浜松
本の王国
浜松科学館
みらいーら
東部やすらぎ
公園
天竜そば
ニュー藤屋
新浜松駅
浜松駅
杏林堂
ホテル
レオン浜松
静銀
杏林堂
オートバックス
遠鉄ストア
相生小
フードマーケット
マム
パロー
サーラ
シティ
ビオあつみ
コメダ珈琲店
芳川北小
浜松家畜病院
竜禅寺小
キャン・ドゥ
Mr.ぶんぐ
モンターニュ
浜松いわた
信用金庫
TSUTAYA
精文館書店
領家店
南陽中
芳川ゴルフ
ガーデン
南部中
眼鏡市場
ワークマン
芳川小
浅間小
三島楊子公園
シャトレーゼ
しまむら
ユーコープ
JAとぴあ
AOKI
クリエイト
S・D
吉野家
江西中
150
マックス
バリュ
遠鉄ストア
マクドナルド
毎日ボウル
杏林堂
快活CLUB
南消防署
芳川出張所
浜松南病院
フィール
SHIROWA
イズモ葬祭
1
遠鉄ストア
白脇小
さわやか
316
かつさと
JAとぴあ浜松
ファーマーズマーケット
ふじもり
耳鼻咽喉科
白脇ケア
センター
杏林堂
バーミヤン
白脇交番
アソカ学園
美波幼稚園
中田島街道
Magazine/P39
馬込川
ケーヨー
デイツー
セカンドラボ
ガリバー
すき家
芳川
JAとぴあ
遠州灘
海浜公園
遠州灘
海浜公園
江ノ島高
五島協働センター
南の星小
中田島砂丘

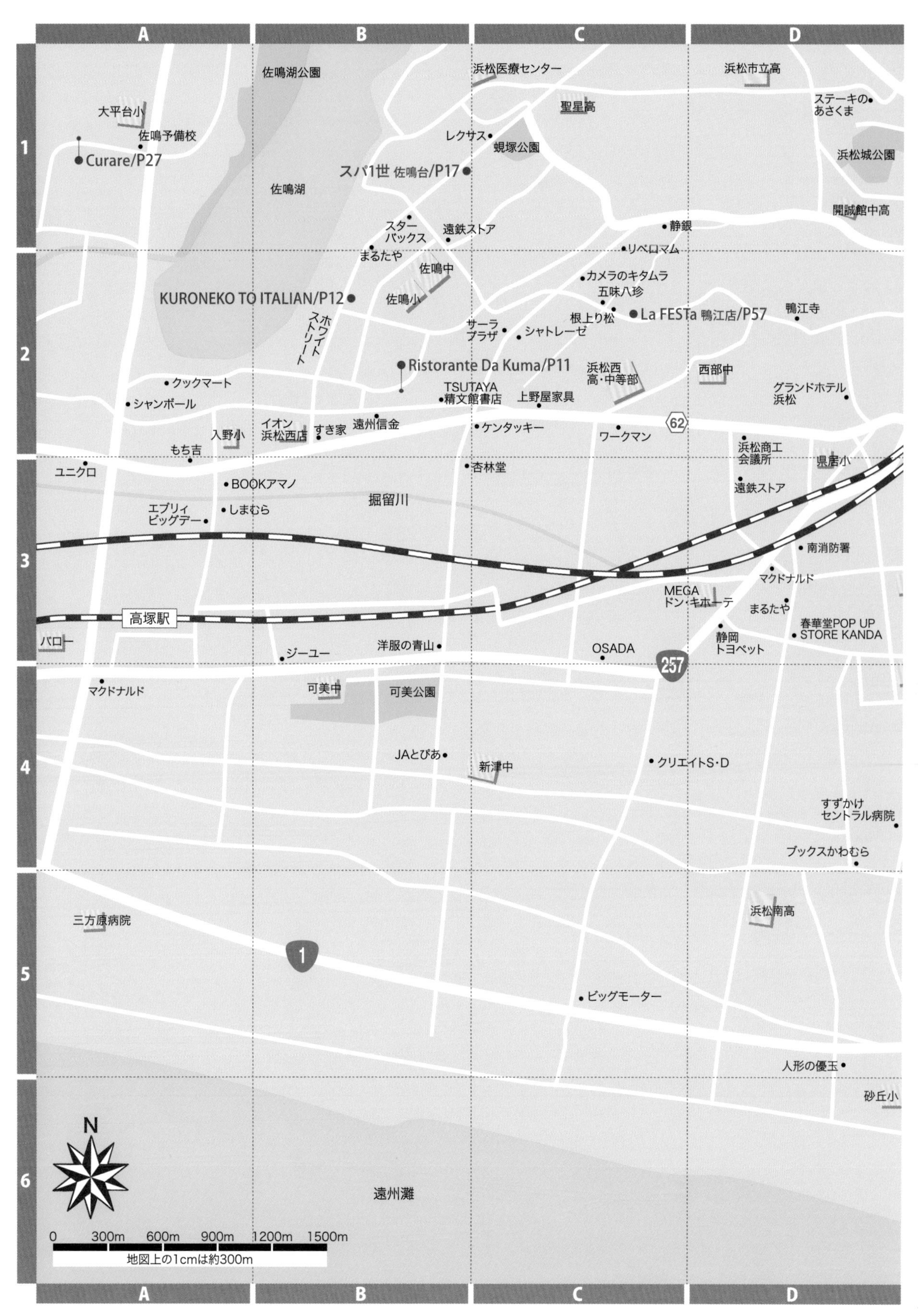
A
B
C
D
1
2
3
4
5
6
佐鳴湖公園
浜松医療センター
浜松市立高
大平台小
佐鳴予備校
Curare/P27
聖星高
ステーキの
あさくま
レクサス
蜆塚公園
浜松城公園
スパ1世 佐鳴台/P17
佐鳴湖
開誠館中高
スター
バックス
遠鉄ストア
静銀
まるたや
リベロマム
佐鳴中
カメラのキタムラ
KURONEKO TO ITALIAN/P12
佐鳴小
五味八珍
ホワイトストリート
根上り松
La FESTa 鴨江店/P57
鴨江寺
サーラ
プラザ
シャトレーゼ
Ristorante Da Kuma/P11
浜松西
高・中等部
西部中
クックマート
TSUTAYA
精文館書店
上野屋家具
グランドホテル
浜松
シャンボール
イオン
浜松西店
すき家
遠州信金
ケンタッキー
62
入野小
ワークマン
もち吉
浜松商工
会議所
県居小
ユニクロ
杏林堂
BOOKアマノ
遠鉄ストア
掘留川
エブリィ
ビッグデー
しまむら
南消防署
マクドナルド
MEGA
ドン・キホーテ
まるたや
高塚駅
春華堂POP UP
STORE KANDA
パロー
洋服の青山
静岡
トヨペット
ジーユー
OSADA
257
マクドナルド
可美中
可美公園
JAとぴあ
新津中
クリエイトS・D
すずかけ
セントラル病院
ブックスかわむら
三方原病院
浜松南高
1
ビッグモーター
人形の優玉
砂丘小
N
遠州灘
0
300m
600m
900m
1200m
1500m
地図上の1cmは約300m

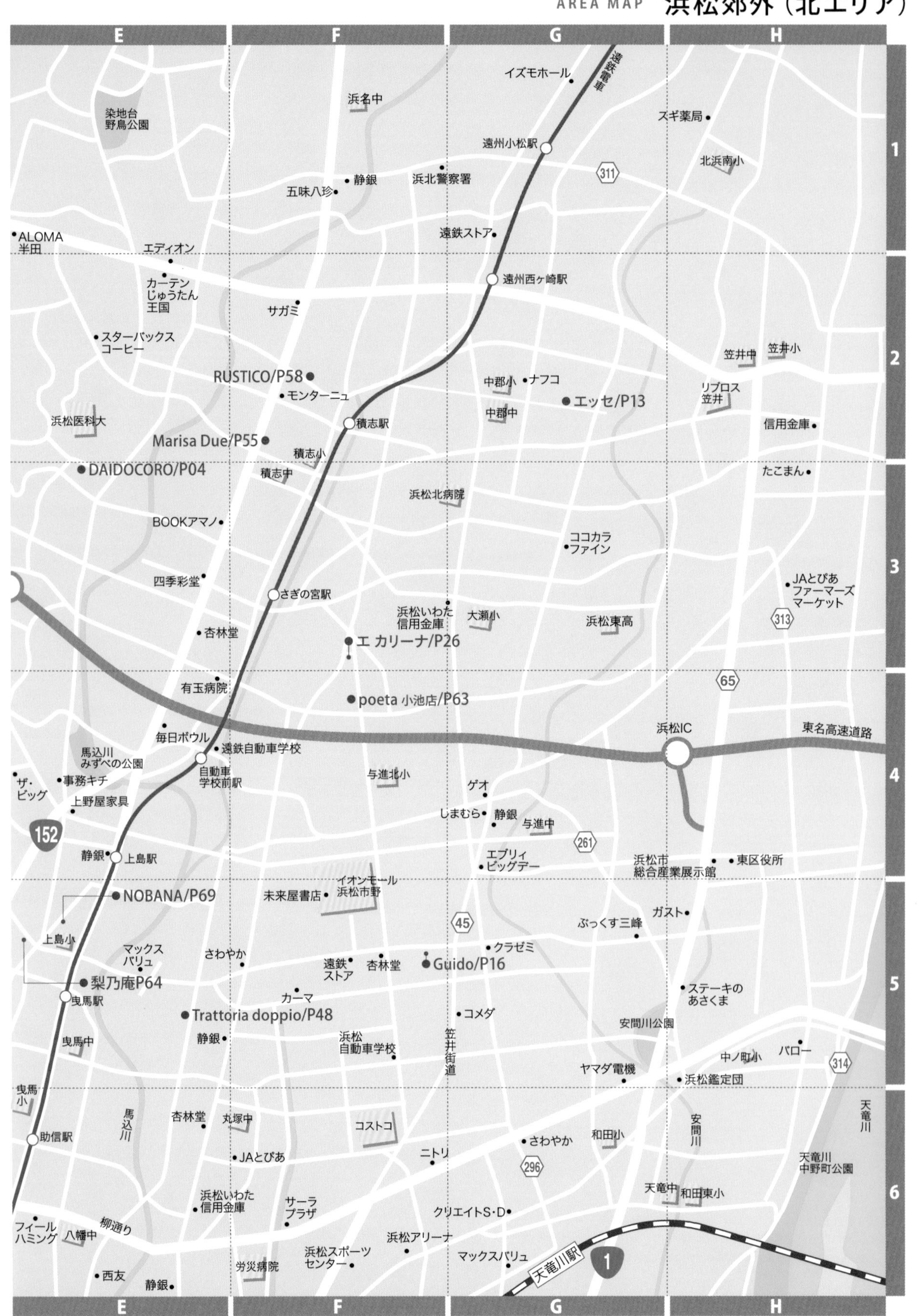

E
F
G
H
1
2
3
4
5
6
遠鉄電車
イズモホール
浜名中
染地台
野鳥公園
スギ薬局
遠州小松駅
311
北浜南小
静銀
浜北警察署
五味八珍
遠鉄ストア
ALOMA
半田
エディオン
遠州西ヶ崎駅
カーテン
じゅうたん
王国
サガミ
スターバックス
コーヒー
笠井中
笠井小
RUSTICO/P58
中郡小
ナフコ
リブロス
笠井
モンターニュ
エッセ/P13
中郡中
浜松医科大
積志駅
信用金庫
Marisa Due/P55
積志小
DAIDOCORO/P04
積志中
たこまん
浜松北病院
BOOKアマノ
ココカラ
ファイン
JAとぴあ
ファーマーズ
マーケット
四季彩堂
さぎの宮駅
浜松いわた
信用金庫
大瀬小
浜松東高
313
杏林堂
エ カリーナ/P26
65
有玉病院
poeta 小池店/P63
浜松IC
東名高速道路
毎日ボウル
遠鉄自動車学校
馬込川
みずべの公園
自動車
学校前駅
与進北小
ザ・
ビッグ
事務キチ
ゲオ
上野屋家具
しまむら
静銀
与進中
152
261
エブリィ
ビッグデー
浜松市
総合産業展示館
東区役所
静銀
上島駅
イオンモール
浜松市野
NOBANA/P69
未来屋書店
ガスト
45
ぶっくす三峰
上島小
マックス
バリュ
さわやか
クラゼミ
遠鉄
ストア
杏林堂
Guido/P16
梨乃庵P64
ステーキの
あさくま
曳馬駅
カーマ
Trattoria doppio/P48
コメダ
安間川公園
曳馬中
静銀
浜松
自動車学校
笠井街道
中ノ町小
バロー
314
ヤマダ電機
浜松鑑定団
曳馬小
馬込川
杏林堂
丸塚中
コストコ
安間川
天竜川
助信駅
さわやか
和田小
JAとぴあ
ニトリ
天竜川
中野町公園
296
浜松いわた
信用金庫
サーラ
プラザ
天竜中
和田東小
クリエイトS・D
フィール
ハミング
柳通り
八幡中
浜松アリーナ
浜松スポーツ
センター
マックスバリュ
天竜川駅
1
西友
労災病院
静銀

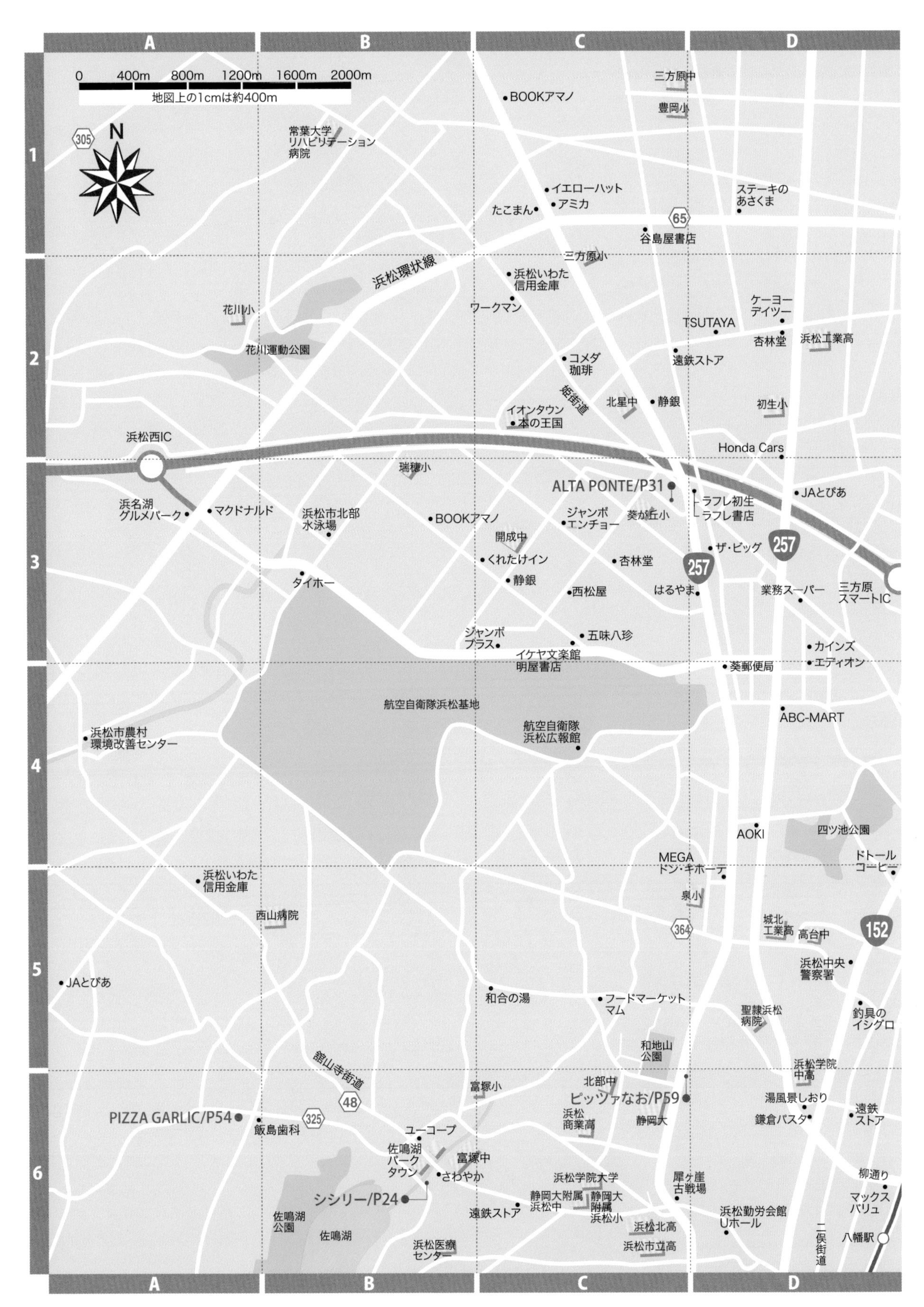
A
B
C
D
1
2
3
4
5
6
0
400m
800m
1200m
1600m
2000m
地図上の1cmは約400m
N
305
常葉大学
リハビリテーション
病院
BOOKアマノ
三方原中
豊岡小
イエローハット
アミカ
たこまん
ステーキの
あさくま
65
谷島屋書店
三方原小
浜松環状線
浜松いわた
信用金庫
ワークマン
花川小
花川運動公園
ケーヨー
デイツー
TSUTAYA
杏林堂
浜松工業高
遠鉄ストア
コメダ
珈琲
姫街道
北星中
静銀
初生小
イオンタウン
本の王国
浜松西IC
Honda Cars
瑞穂小
ALTA PONTE/P31
ラフレ初生
ラフレ書店
JAとぴあ
浜名湖
グルメパーク
マクドナルド
浜松市北部
水泳場
BOOKアマノ
ジャンボ
エンチョー
葵が丘小
開成中
ザ・ビッグ
257
くれたけイン
杏林堂
タイホー
静銀
西松屋
はるやま
業務スーパー
三方原
スマートIC
ジャンボ
プラス
五味八珍
イケヤ文楽館
明屋書店
カインズ
エディオン
葵郵便局
航空自衛隊浜松基地
ABC-MART
浜松市農村
環境改善センター
航空自衛隊
浜松広報館
四ツ池公園
AOKI
MEGA
ドン・キホーテ
ドトール
コーヒー
浜松いわた
信用金庫
泉小
西山病院
364
城北
工業高
高台中
152
浜松中央
警察署
JAとぴあ
和合の湯
フードマーケット
マム
聖隷浜松
病院
釣具の
イシグロ
和地山
公園
舘山寺街道
富塚小
北部中
浜松学院
中高
ピッツァなお/P59
湯風景しおり
48
PIZZA GARLIC/P54
飯島歯科
325
浜松
商業高
静岡大
鎌倉パスタ
遠鉄
ストア
ユーコープ
佐鳴湖
パーク
タウン
富塚中
さわやか
浜松学院大学
犀ヶ崖
古戦場
柳通り
シシリー/P24
静岡大附属
浜松中
静岡大
附属
浜松小
遠鉄ストア
マックス
バリュ
佐鳴湖
公園
佐鳴湖
浜松北高
浜松勤労会館
Uホール
二俣街道
八幡駅
浜松医療
センター
浜松市立高

AREA MAP 浜松北区

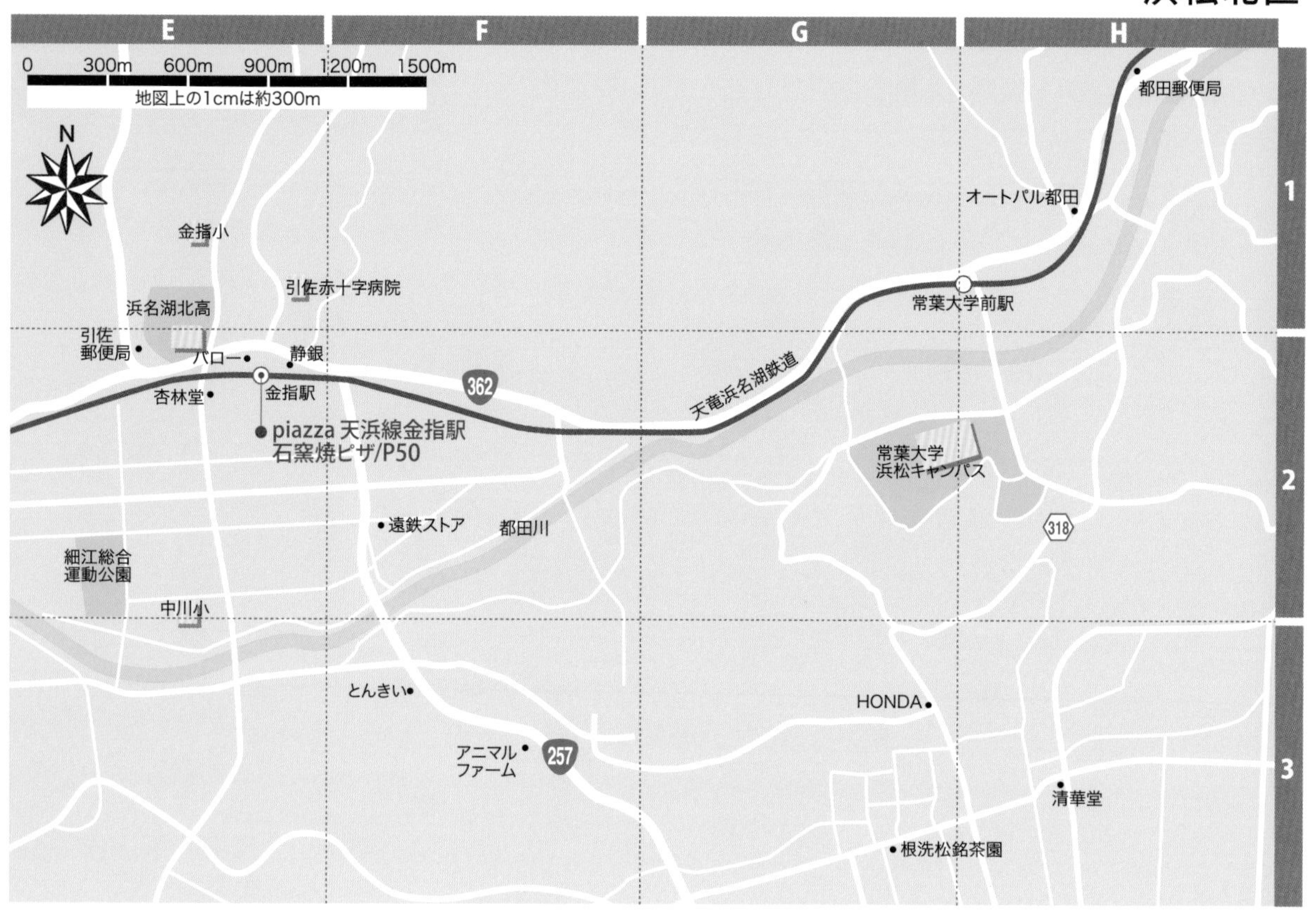

AREA MAP 浜松街中

浜名湖周辺

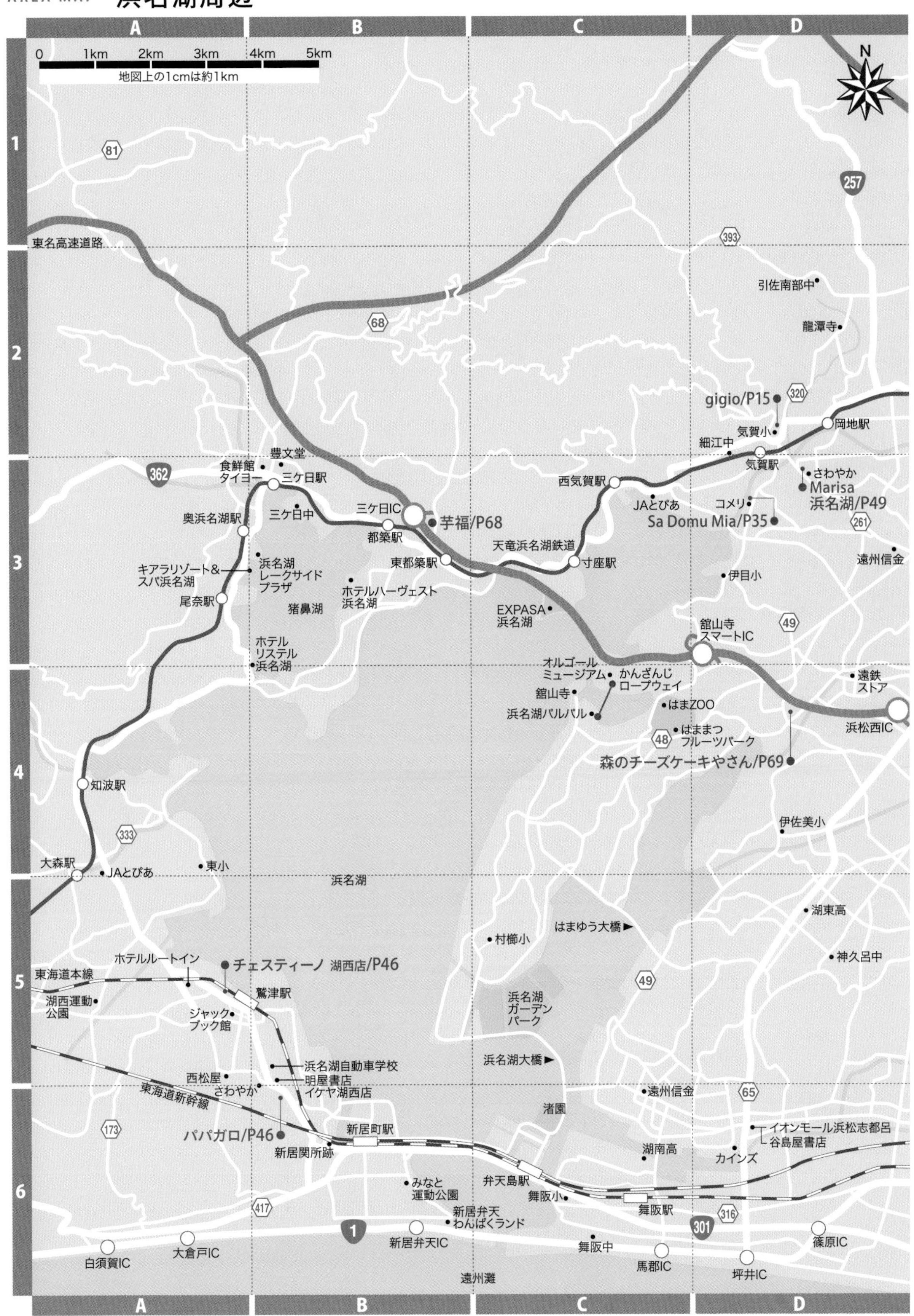

0 1km 2km 3km 4km 5km
地図上の1cmは約1km
東名高速道路
豊文堂
食鮮館タイヨー
三ケ日駅
奥浜名湖駅
三ケ日中
三ケ日IC
芋福/P68
都築駅
東都築駅
キアラリゾート&スパ浜名湖
浜名湖レークサイドプラザ
尾奈駅
ホテルハーヴェスト浜名湖
猪鼻湖
ホテルリステル浜名湖
知波駅
大森駅
JAとぴあ
東小
浜名湖
gigio/P15
気賀小
細江中
岡地駅
気賀駅
西気賀駅
さわやか
Marisa 浜名湖/P49
JAとぴあ
コメリ
Sa Domu Mia/P35
天竜浜名湖鉄道
寸座駅
遠州信金
伊目小
EXPASA浜名湖
舘山寺スマートIC
オルゴールミュージアム
かんざんじロープウェイ
舘山寺
浜名湖パルパル
はまZOO
はままつフルーツパーク
遠鉄ストア
浜松西IC
森のチーズケーキやさん/P69
伊佐美小
引佐南部中
龍潭寺
湖東高
神久呂中
はまゆう大橋
村櫛小
浜名湖ガーデンパーク
浜名湖大橋
ホテルルートイン
チェスティーノ 湖西店/P46
東海道本線
鷲津駅
湖西運動公園
ジャックブック館
浜名湖自動車学校
明屋書店
イケヤ湖西店
西松屋
さわやか
東海道新幹線
パパガロ/P46
新居関所跡
新居町駅
みなと運動公園
弁天島駅
舞阪小
舞阪駅
新居弁天わんぱくランド
新居弁天IC
白須賀IC
大倉戸IC
舞阪中
馬郡IC
坪井IC
篠原IC
遠州灘
遠州信金
渚園
湖南高
カインズ
イオンモール浜松志都呂
谷島屋書店

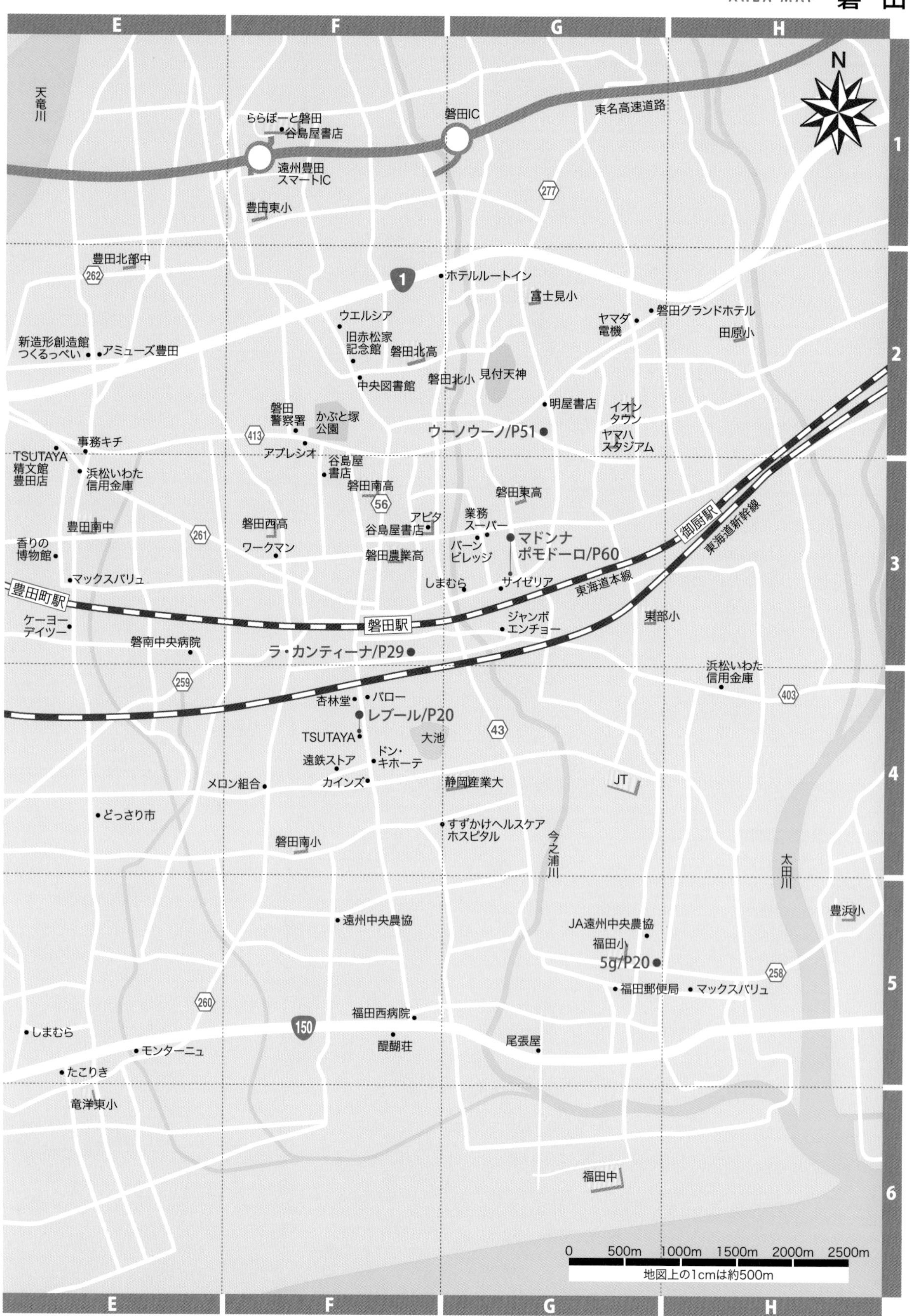

E
F
G
H
1
2
3
4
5
6
N
天竜川
ららぽーと磐田
谷島屋書店
遠州豊田スマートIC
磐田IC
東名高速道路
豊田東小
277
豊田北部中
262
1
ホテルルートイン
富士見小
ヤマダ電機
磐田グランドホテル
田原小
ウエルシア
旧赤松家記念館
磐田北高
新造形創造館つくるっぺい
アミューズ豊田
中央図書館
磐田北小
見付天神
明屋書店
イオンタウン
ヤマハスタジアム
磐田警察署
かぶと塚公園
ウーノウーノ/P51
413
事務キチ
TSUTAYA精文館豊田店
アプレシオ
谷島屋書店
浜松いわた信用金庫
磐田南高
磐田東高
56
豊田南中
261
磐田西高
アピタ
谷島屋書店
業務スーパー
マドンナ ポモドーロ/P60
御厨駅
東海道新幹線
香りの博物館
ワークマン
磐田農業高
バーンビレッジ
マックスバリュ
しまむら
サイゼリア
東海道本線
豊田町駅
磐田駅
ジャンボエンチョー
東部小
ケーヨーデイツー
磐南中央病院
ラ・カンティーナ/P29
浜松いわた信用金庫
259
403
杏林堂
パロー
レブール/P20
TSUTAYA
大池
43
遠鉄ストア
ドン・キホーテ
メロン組合
カインズ
静岡産業大
JT
どっさり市
すずかけヘルスケアホスピタル
磐田南小
今之浦川
太田川
遠州中央農協
JA遠州中央農協
豊浜小
福田小
5g/P20
258
福田郵便局
マックスバリュ
260
福田西病院
150
しまむら
醍醐荘
尾張屋
モンターニュ
たこりき
竜洋東小
福田中
0
500m
1000m
1500m
2000m
2500m
地図上の1cmは約500m

AREA MAP 袋井

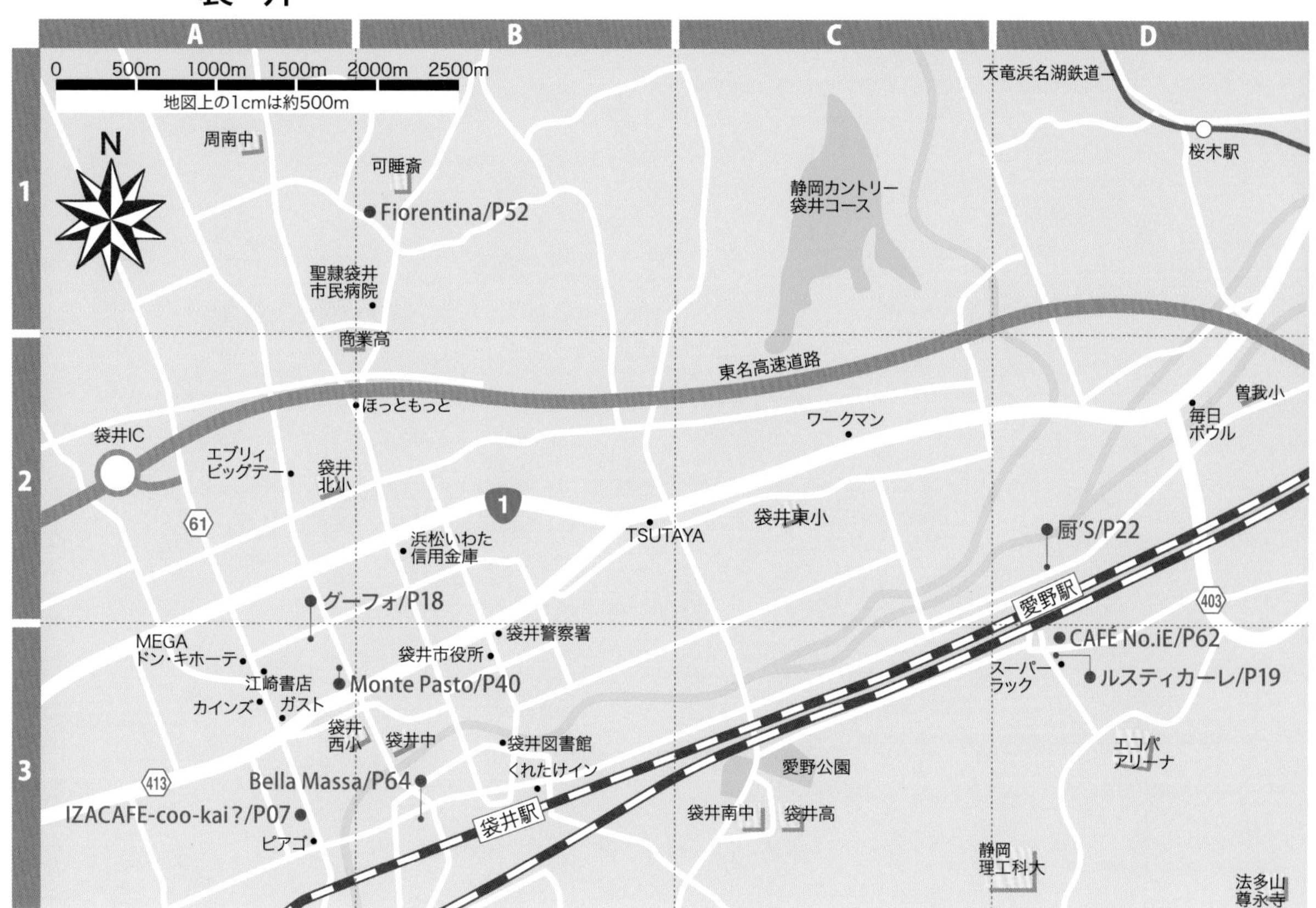

AREA MAP 掛川

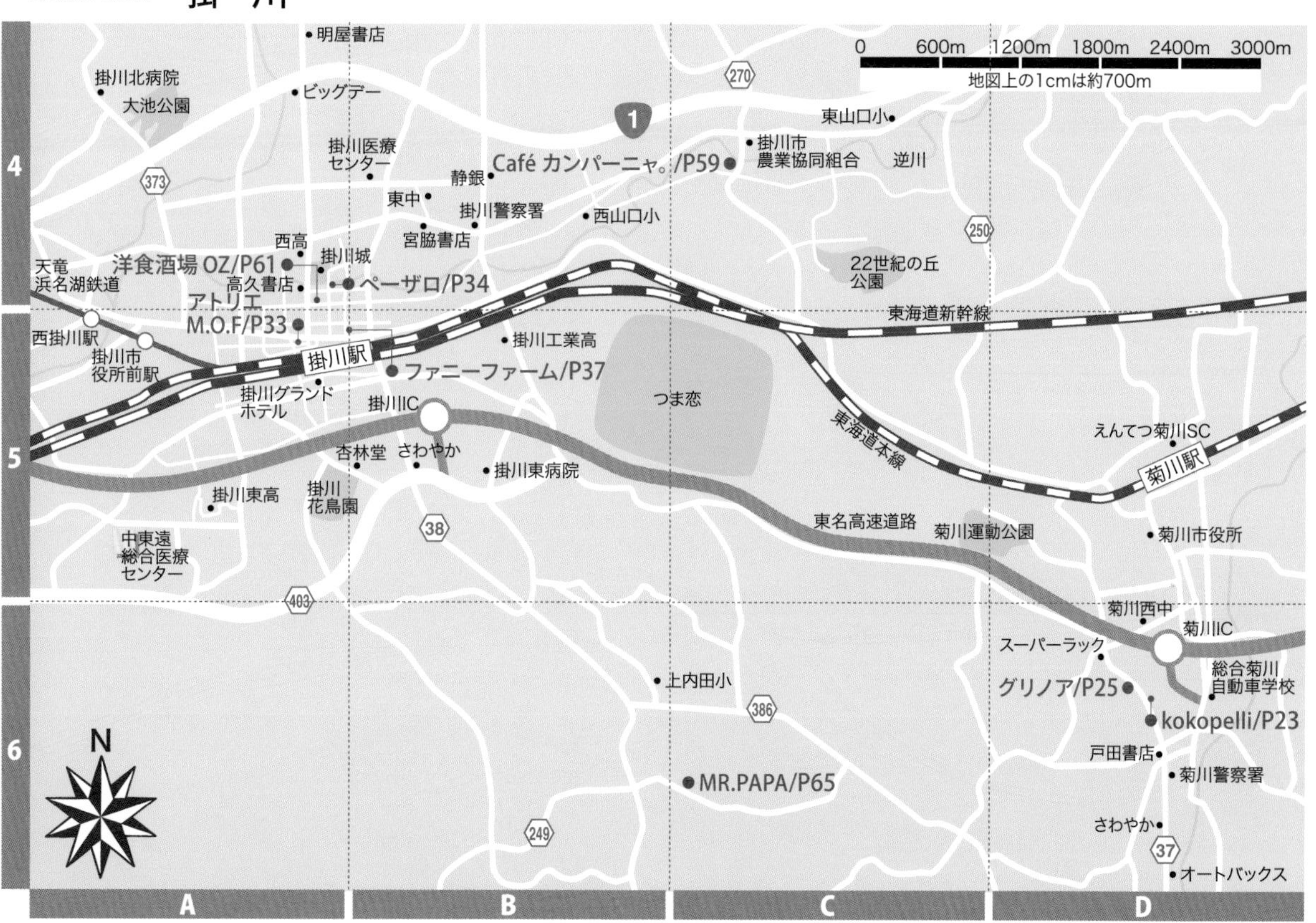

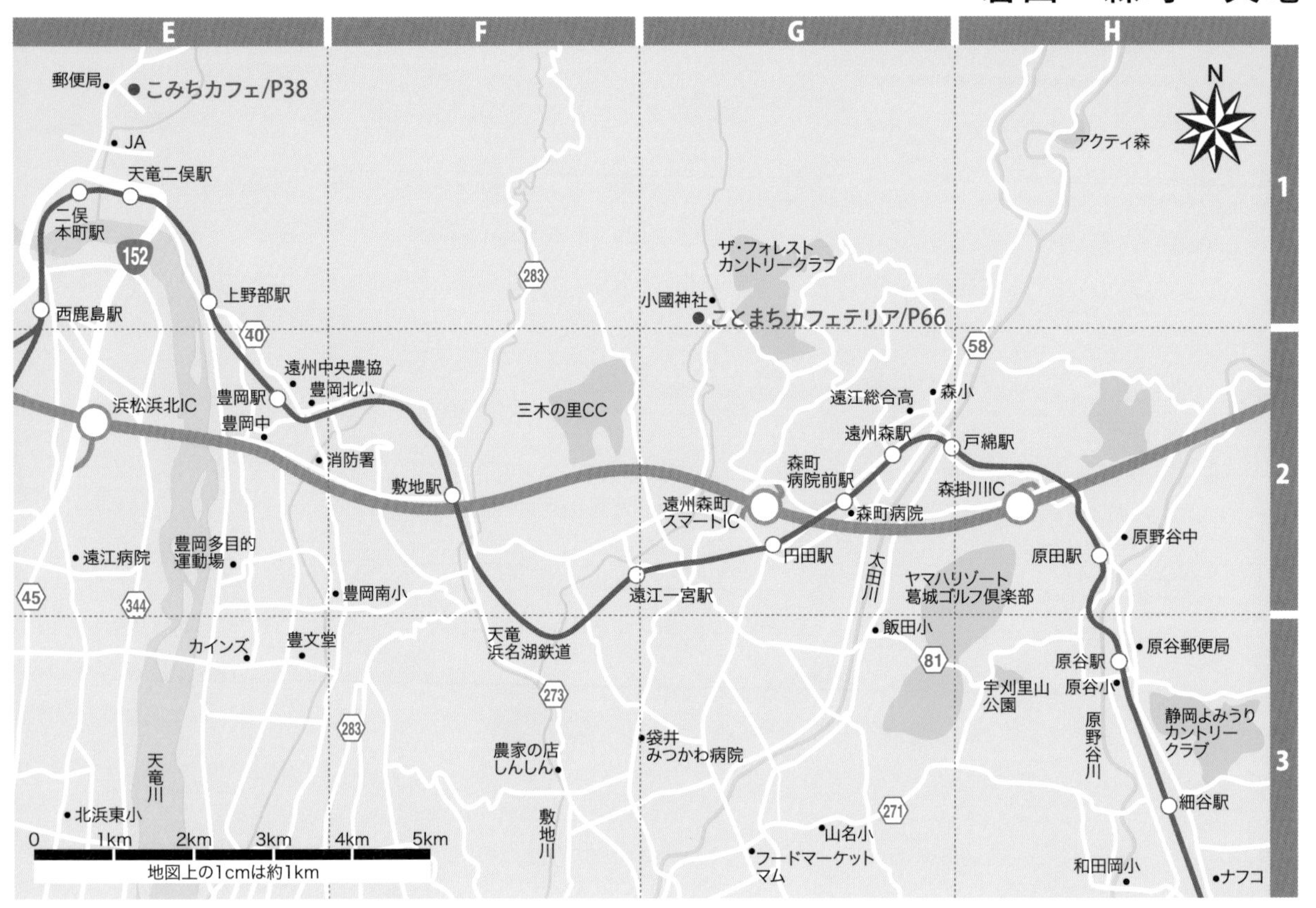

AREA MAP 御前崎・菊川

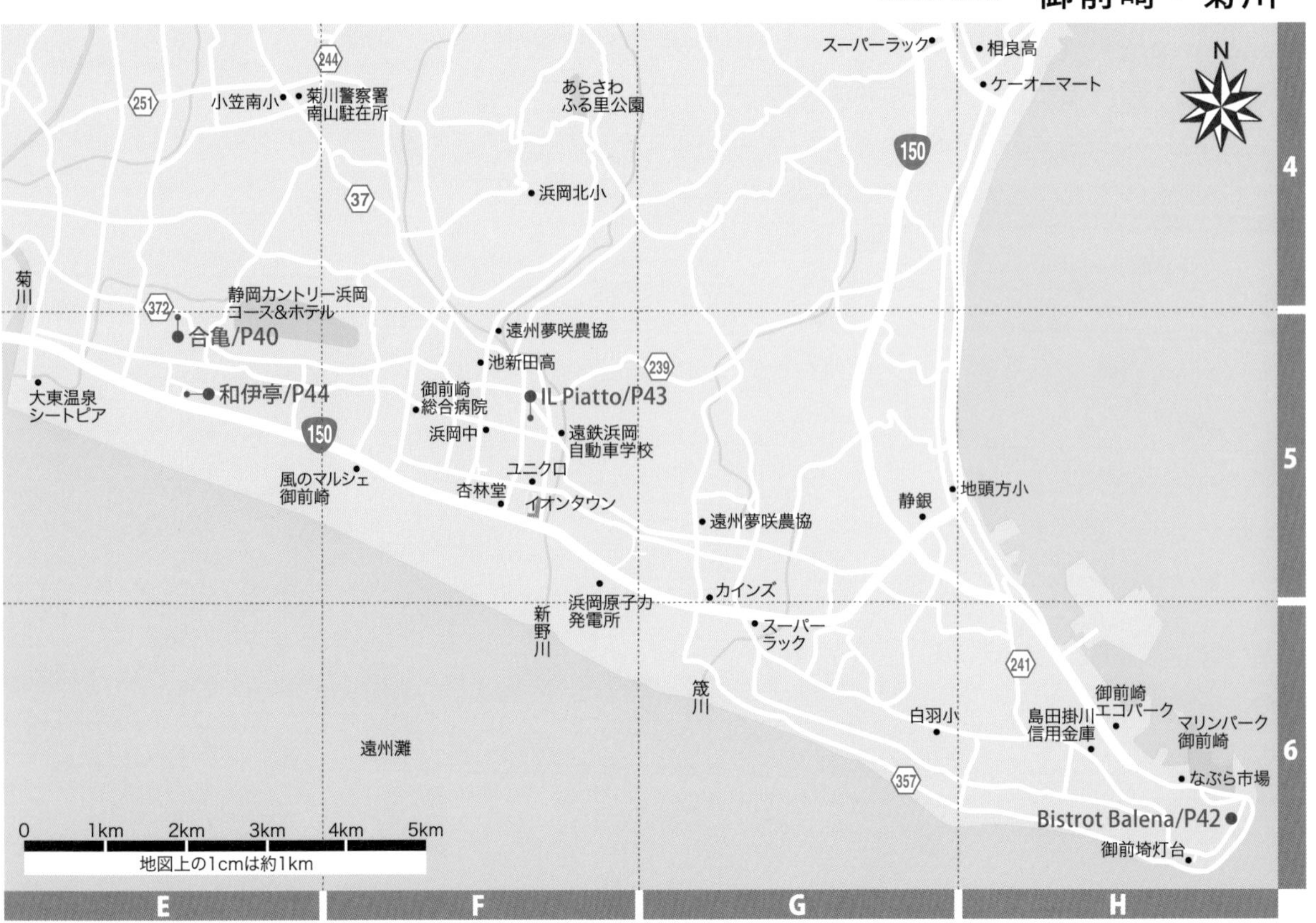

AREA MAP 新　城

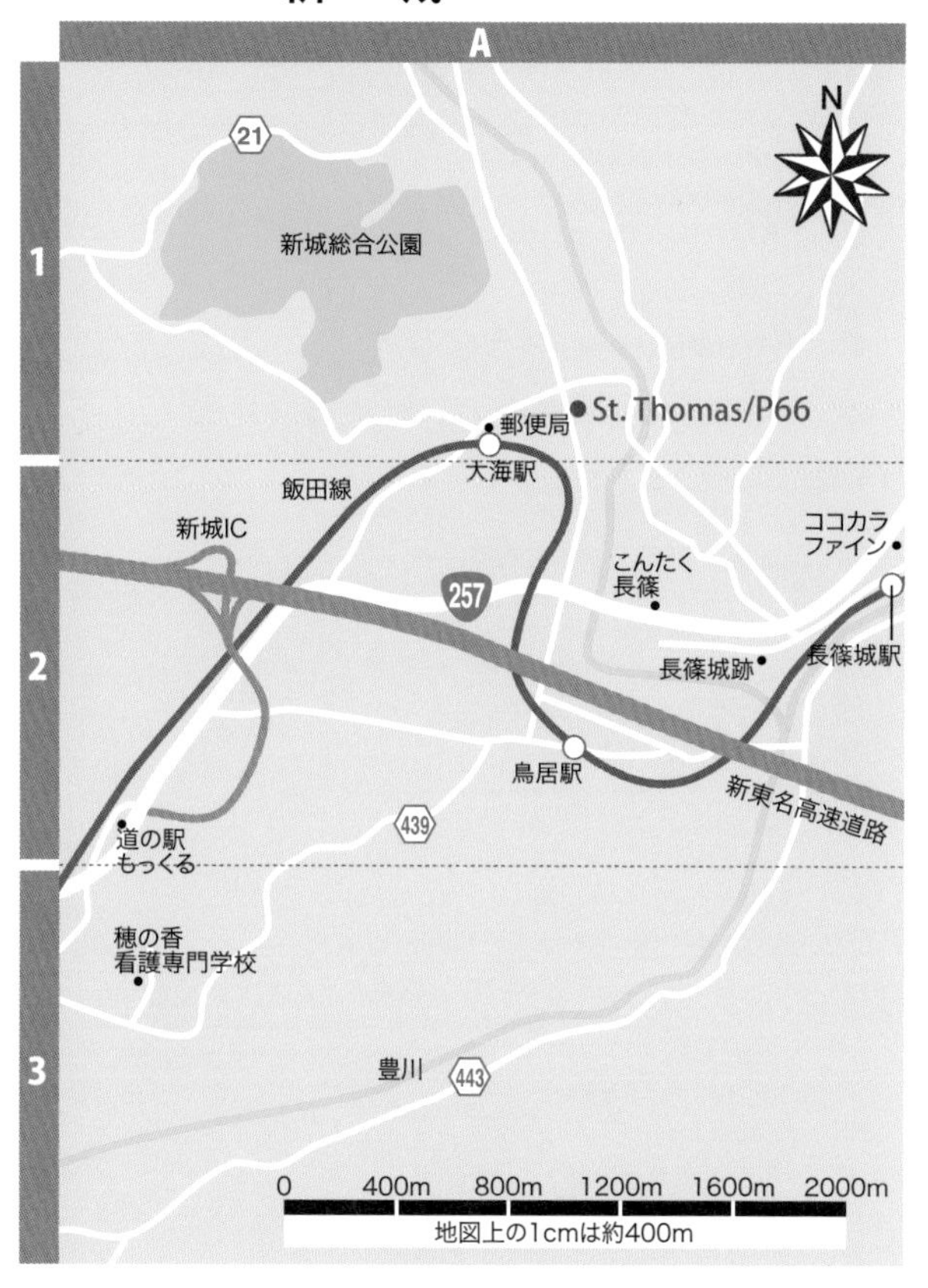

AREA MAP 菊　川

AREA MAP 田　原

AREA MAP 蒲　郡

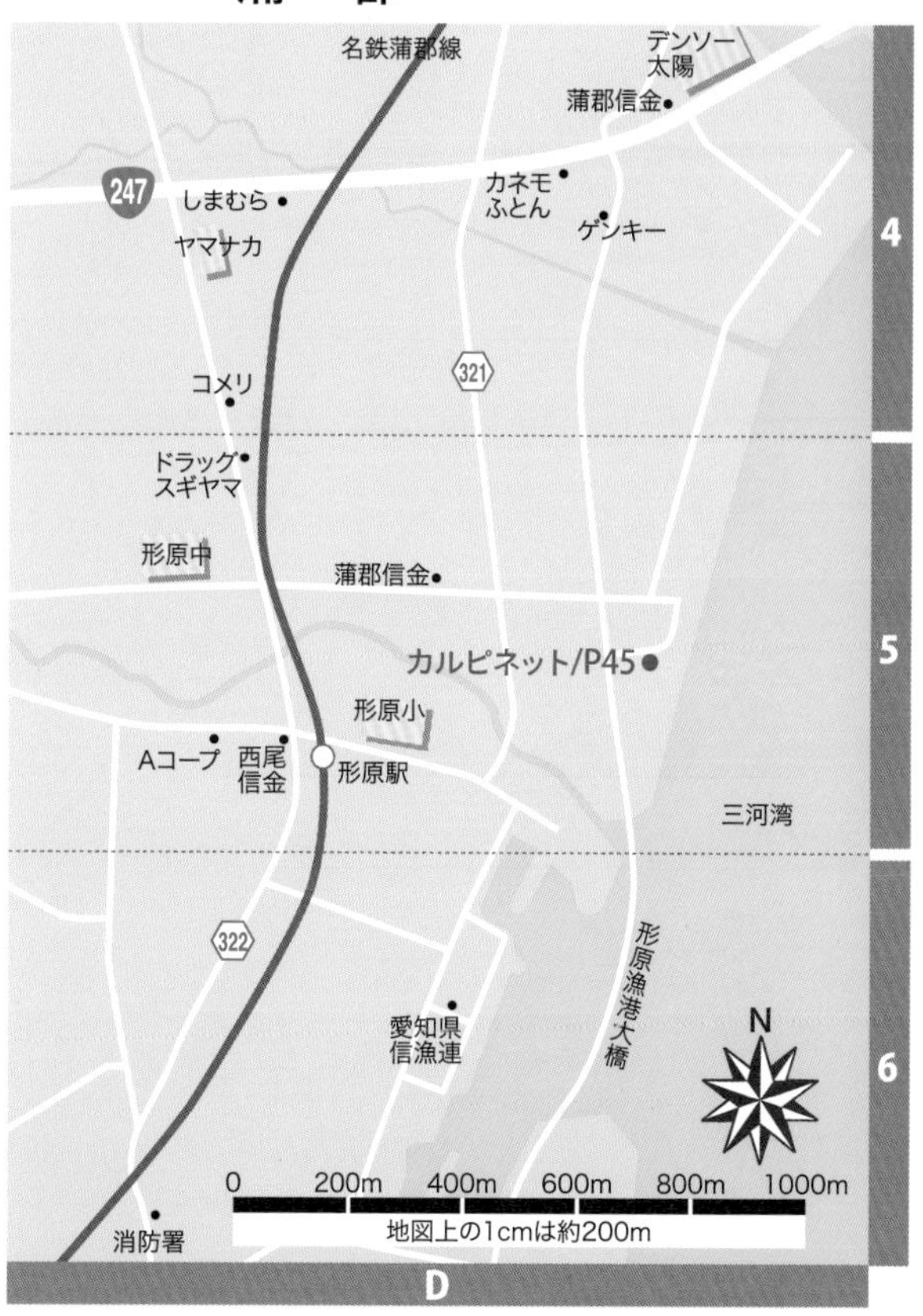

50音順 INDEX

浜松ぐるぐるマップ
HAMAMATSU GURUGURUMAP
98号「パスタとピザ」

発行／静岡新聞社出版部
〒422-8033 静岡市駿河区登呂3-1-1 Tel.054-284-1666

企画・編集・制作／SBSプロモーション浜松支社
〒430-0927 浜松市中区旭町11-1 プレスタワー11F
Tel.053-456-0788

デザイン／Studio Engine Room
komada design office
80プロ

取材・撮影／野寄 晴義(〆切三昧) 熊谷 雅代 堀内 穣
中村 美智子 鈴木 詩乃 松井 トオル 和久田 清美

※税表示に関するご注意…… 本誌に掲載した価格は、2021年4月1日までの取材における消費税込価格です。

こんな情報を待ってます!

●あなたのお気に入りの店で、おすすめのメニューや自慢したい逸品
●新店舗オープン、または移転・リニューアルオープンの店
場所と推薦理由も添えてください。また、上記以外でもぐるぐるマップでまだ紹介されていない店の情報など、随時募集していますので、どしどしお寄せください。

※ハガキ、封書またはe-mailでお送りください
※諸般の事情により掲載できないこともありますのでご了承ください

■宛先／〒422-8670 静岡新聞社出版部
「浜松ぐるぐるマップ98号」係
mail guruguru@sbs-promotion.co.jp

※お送りいただいた個人情報は、当社出版の企画の参考などに利用し、その目的以外での利用はいたしません。